KB273873

생활인의 희망과 복덕을 위한

부처님 가르침과 예불

생활인의 희망과 복덕을 위한

부처님 가르침과 예불

김근중 편역

운주사

서문

여기 시방세계에 두루 계시는 부처님에게 일일 무수례 하는 사람이 있습니다. 부처님이 우리에게 알려주신 가르침과 크나크신 은혜를 마음 숙여 찬탄하오며, 부처님의 가르침을 일반인이 쉽게 알 수 있도록 감사의 힘을 모아보고자 합니다.

부처님은 일찍이 여러 제자와 경전을 통해 올바른 가르침인 정법을 알리시어 우리를 일깨우셨다. 욕구와 고통과 번민에 빠진 사람에게는 고집멸도의 사성제인 '내가 가르치는 것은 괴로움과 괴로움의 소멸이다' 하고 애착 타파의 삶의 자세를 주셨고, 구도자가 갖는 진리에 대한 자만과 편애에는 아상·인상·중생상·수자상의 타파를 통해 진실한 실체를 보는 자세를 말씀하셨고, 물질만능과 내세 영원 위주의 과학적·종교적 해석에 대해서는 띠끌의 일합상을 통해 윤회 속의 우주가 마땅히 여여함을 각기 전하시어 중도 정신을 갖기를 말씀하셨다.

세계적으로 저명한 과학자들이 밝힌 양자역학의 빅뱅과 평행우주론에서 알 수 있듯이, 서양의 현대과학은 우주와 물질의 생멸에 대한 해석에 기존의 서양방식의 접근이 한계가 있음을 보여 주고 있고, 따라서 수많은 서양인들이 동양사상의 불교문화에서 그 해결점을 찾으려 하고 있다.

한편 여러 불보살님의 성스러운 구원정신을 행복한 인생 지침으로 받아들이기를 부처님은 여러 갈래로 전하셨지만 오늘날 현대인은 한자음 위주의 경전과 예불에서 점점 더 멀어지고 있는 현실이다. 이에 생활인·일반인에게 신라나 고려시대처럼 불교를 대중화하는 생활불교가 절실히 필요하다는 것이 출간의 배경이다. 예로부터 지금까지 우리 민족이 읽고 받아쓰고 수지하며 공경한 한자 위주의 주요 불경을, 사찰 제례의식의 순서에 따라 우리말(한글) 위주로 편성하여 현대인의 생활정서에 맞게 재구성할 것이 요구된다. 즉 일반 대중이 불경과 예불 기도문을 집에서 읽거나 사찰에서 스님을 통해 들을 때 알아듣기 난해한 한자음과 의식을 어디에서나 그 뜻을 쉽게 이해하고 은혜의 힘을 얻게 하는 것으로, 이는 젊은 층에게도 불공의 의미를 이해할 수 있게 하는 길이 될 것이다.

따라서 일상생활에 지쳐 힘들어하면서도 각자 희망과 소망을 기리며 복과 이익을 바라는 생활인에게 부처님의 가르침을 쉽게 전달하고자 한자음에 쉬운 한글 경전을 함께 실었다. 이를 통해 이 책이 현대 생활인을 위한 불경이 되고, 불자 집안의 세대간의 정서적 교류도 원만히 하는 가교가 되기를 기원한다.

홍익사상의 우리 민족은 이미 2,000여 년 동안 널리 사람을 이롭게 한다는 이타심으로 불경의 가르침을 따랐고, 부처님과 보살님 형상에 지극한 마음으로 예배하며 행복을 기원하였다. 따라서 사람들이 간절히 희망하는 복덕, 고통의 방편, 진리의 삶을 찾는 사람에게 불경 속의 가르침이 이익됨을 알려주고자 우리 민족이 많이 찾고 보는 금강경, 천수경, 반야심경, 삼보통청, 나반존자 독성청, 산왕경, 신중청, 법화경과 화엄경 약찬게, 아침 종송, 관세음보살보문품, 무상게를 찾아 실었다. 금강경은 해석에 다소 무리가 있을지라도 문맥이나 논리상 쉽게 알 수가 있게 편집하였다.

이 책은 물질만능을 추구하는 인류가 자업보自業報한 위기와 갈등, 그 속에서 고통 받는 현대 생활인에게 부처님의 가르침인 정법을 알려주어 진리의 실체가 여여如如함과 진실을 보는 중도中道를 알려주고, 고집멸도苦集滅道와 인과법 속에서 고통 받으며 성취와 성과 위주의 고민에 빠진 사람에게 해탈과 구원의 길을 주고자 하는 불보살님의 서원력을 쉽게 전달하고 있다.

지구와 사람, 하늘과 땅의 모든 육도 중생은 생멸과 윤회를 반복한다. 불교는 오감각과 일체법과 오온五蘊, 마음 주체인 아상과 무아상無我相, 기도하는 일념一念과 무념無念, 위爲와 無爲무위, 일합상一合相과 무상無相의 모든 것은 공하기에 소멸해야 한다는 가르침이 아니다. 불교는 편견과 집착을 버리고 중도를 가져야 어디서나 구원받고 복을 받는다는 가르침이며, 인생이란 윤회 속의 한 과정이고, 생멸의 삶 또한 여여한 것을 일깨운다.

우리말 불경 편찬에 인연과 도움을 주신 범어사 정여 큰스님과 여러 스님들, 용수암 대호 큰스님, 회룡정사 용하 큰스님께 감사드린다. 아울러 삼가 시방세계 두루 계신 부처님과 지장보살님께 지심첨례하옵고, 광선유포의 공덕을 기리는 인연을 가진 모든 사람에게 불보살님의 가피를 기원하며, 기쁨을 나눠드립니다.

2010년 2월

浩暎 金根中

부처님 가르침과 예불

금강반야바라밀경
金 剛 般 若 波 羅 密 經

법회인유분
法 會 因 由 分 第 一

여시아문하사오니
如 是 我 聞

일시에 **불**이 **재사위국 기수급고독원**하사
一 時　佛　在 舍 衛 國　祇 樹 給 孤 獨 園

여대비구중 천이백오십인 구하시니
與 大 比 丘 衆　千 二 百 五 十 人　俱

이시에 **세존**이 **식시**에 **착의지발**하시고
爾 時　世 尊　食 時　着 衣 持 鉢

입사위대성하사 **걸식**하실새 **어기성중**에 **차제걸이**하시고
入 舍 衛 大 城　乞 食　於 其 城 中　次 第 乞 已

환지본처하사 **반사흘**하시고 **수의발**하시며 **세족이**하시고
還 至 本 處　飯 食 訖　收 衣 鉢　洗 足 已

부좌이좌하시다.
敷 座 而 坐

제1. 법회의 인연

나는 이와 같이 들었습니다. 어느 때 부처님께서 큰 비구스님 천이백오십 명과 함께 갠지스 강 유역의 코살라의 수도 사위국의 기수급고독원[1])에 계셨다. 그때 세존께서 식사 때가 되자 가사를 입으시고 발우를 가지고 사위대성 안으로 들어가시어 탁발을 하셨다. 차례로 탁발하기를 마치시고는 본래 계시던 거처로 돌아오셔서 진지를 잡수시고 나서 가사와 바리때를 거두시고 발을 씻으시고는 자리를 펴고 앉으셨다.

1) 사위국은 당시 인도의 강국인 코살라국의 수도이고, 기수급고독원은 사위성 남쪽 지점에 있던 기타祇陀태자의 동산에 외롭고 어려운 이에게 보시를 많이 한 수달다須達多(급고독은 별칭) 장자가 지은 7층의 웅장한 대가람으로 기원정사라고도 함.

선현기청분
善現起請分 第二

시에 **장로 수보리 재대중중**이라가 **즉종좌기**하야
時　長老　須菩提　在大衆中　　　卽從座起

편단우견하야 **우슬착지**하고 **합장공경**하야
偏袒右肩　　右膝着地　　合掌恭敬

이백불언하되 **희유세존**이여 **여래 선호념제보살**하시며
而白佛言　　希有世尊　　如來　善護念諸菩薩

선부촉제보살이시니다. **세존**이시여
善付囑諸菩薩　　　　世尊

선남자 선여인이 **발아뇩다라삼먁삼보리심**한 이는
善男子　善女人　發阿耨多羅三藐三菩提心

응운하주며 **운하항복기심**하리까.
應云何住　云何降伏其心

불언하시되 **선재선재**라 **수보리**야 **여여소설**하리라.
佛言　　善哉善哉　須菩提　如汝所說

여래 선호념제보살하시며 **선부촉제보살**하니라.
如來　善護念諸菩薩　　善付囑諸菩薩

여금제청하라 **당위여설**하리라.
汝今諦請　　當爲汝說

제2. 수보리 법을 청하다

그때 장로 수보리가 대중 가운데 있다가 일어나서 옷을 벗어 오른쪽 어깨를 드러내어 매고 오른 무릎을 땅에 꿇고 합장하고 공경하며 부처님께 여쭈었다. 『경이로우십니다. 세존이시여, 여래께서는 모든 보살들을 잘 염려하여 보호해 주시고 보살들을 잘 당부하여 부촉해 주십니다. 세존이시여, 선남자나 선여인이 아뇩다라삼먁삼보리의 마음을 내고는 어떻게 머물러야 되며 어떻게 그 마음을 다스려야 합니까?』

부처님께서 말씀하셨다. 『착하고 착하도다. 수보리야, 네 말과 같이 여래께서는 모든 보살들을 잘 염려하여 보호하시고 보살들을 잘 당부하여 위촉해 주시느니라. 그대는 자세히 들으라. 너를 위해 말해 주리라.

선남자선여인이 **발아뇩다라삼먁삼보리심**한 이는
善男子善女人　　發阿耨多羅三藐三菩提心

응여시주며 **여시항복기심**이니라.
應如是住　　如是降伏其心

유연 세존이시여 **원요욕문**하나이다.
唯然　世尊　　　願樂欲聞

선남자 선여인이 위없이 높고 바른 깨달음인 아뇩다라삼먁삼보리의 마음을
내고는, 응당 이렇게 머물러 있어야 하며, 이렇게 그 마음을 다스려야 하느니라.』
『원하옵건대, 세존이시여, 즐거이 듣기를 원하나이다.』

대승정종분
大乘正宗分第三

불이 **고수보리**하사대
佛　告須菩提

제보살마하살은 **응여시항복기심**이니 **소유일체**
諸菩薩摩訶薩　應如是降伏其心　　所有一切

중생지류 약난생 약태생 약습생 약화생
衆生之類　若卵生　若胎生　若濕生　若化生

약유색 약무색 약유상 약무상 약비유상
若有色　若無色　若有想　若無想　若非有想

비무상을 **아개영입 무여열반**하야 **이멸도지**하리니
非無想　我皆令入　無餘涅槃　　而滅度之

여시멸도 무량무수무변 중생하되
如是滅度　無量無數無邊　衆生

실무중생이 **득멸도자**하니
實無衆生　得滅度者

하이고 수보리야 **약보살**이
何以故　須菩提　若菩薩

유 아상 인상 중생상 수자상하면 **즉비보살**이니라.
有 我相　人相　衆生相　壽者相　　卽非菩薩

제3. 대승의 바른 근본

부처님이 수보리에게 말씀하셨다. 『모든 보살마하살은 응당 이렇게 그 마음을 항복시켜야 되나니, 이른바 조류, 포유류, 양서류, 변화하여 태어나는 것의 사생四生[2], 형상이 있는 것과 없는 것, 생각이 있고 없는 유상과 무상, 생각이 있는 것도 아니고 없는 것도 아닌 비유상과 비무상의 육도 중생을 내가 모두 교화하여 남김없이 열반에 들게 제도하리라. 이와 같이 헤아릴 수 없이 많은 중생을 열반의 멸도에 들게 하였으나 실로 한 명의 중생도 멸도를 했다는 생각이 없어야 하리라. 왜냐하면 수보리야, 만일 보살의 마음에 나라는 아상, 너희라는 인상, 우리라는 중생상, 내세에 그럴 것이라는 수자상으로 분별하는 의식의 형상이 있다면 이는 보살이 아니기 때문이니라.』

2) 사생四生: 부모의 몸 안에서 길러서 낳는 태생胎生, 알을 낳아서 부화시키는 난생卵生, 습한 데서 생겨나는 습생濕生, 어미의 몸을 빌지 않고 자신의 업력에 따라 저절로 변화되어 나는 화생化生.

묘행무주분
妙 行 無 住 分 第 四

부차 수보리야 **보살**은 **어법**에 **응무소주**하야
復次 須菩提 菩薩 於法 應無所住

행어보시니 **소위 부주색**으로 **보시**하며
行於布施 所謂 不住色 布施

부주성향미촉법하고 **보시**하라.
不住聲香味觸法 布施

수보리야 **보살**은 **응여시 보시**하고 **부주어상**이니
須菩提 菩薩 應如是 布施 不住於相

하이고오 **약보살**이 **부주상 보시**하면
何以故 若菩薩 不住相 布施

기복덕이 **불가사량**이니라.
其福德 不可思量

수보리야 **어의운하**오 **동방허공**을 **가사량부**아.
須菩提 於意云何 東方虛空 可思量不

불야니다 **세존**이시여
不也 世尊

수보리야 **남서북방사유상하허공**을 **가사량부**아.
須菩提 南西北方四維上下虛空 可思量不

제4. 집착하지 않는 보시

『또 수보리야, 보살은 어떤 법3)에도 집착 없이 보시를 해야 하느니라. 이른바 보이는 색에 머물지 말고 보시할 것이며 소리, 향기, 미각, 촉각, 법4)에도 머물지 말고 보시해야 한다. 수보리야, 보살은 응당 이렇게 보시를 하되 어떤 상5)에도 집착하지 않아야 한다. 왜냐하면 만일 보살이 상에 머물지 않고 보시하면 그 복덕은 헤아릴 수가 없기 때문이다. 수보리야, 네 생각으로는 어떠하냐? 동쪽에 있는 허공을 생각으로 헤아릴 수 있겠느냐?』『못하옵니다. 세존이시여.』『수보리야, 남·서·북방과 그 사이 네 방향과 위와 아래에 있는 허공을 생각으로 헤아릴 수 있겠느냐?』『못하옵니다. 세존이시여.』

3) 여기에서 법은 법계의 실체를 어떤 사물이나 마음에만 한정하려는 고정관념의 법을 의미한다.
4) 규칙, 계율, 진리.
5) 여기에서 상은 법계의 실체를 분별하려는 아상, 인상, 중생상, 수자상이다. 이를 사상四相이라 한다.

불야니다 **세존**이시여
不也　　世尊

수보리야 **보살**의 **무주상**한 **보시 복덕**도
須菩提　菩薩　無住相　布施 福德

역부여시하여 **불가사량**이니라.
亦復如是　　不可思量

수보리야 **보살**은 **단응 여소교주**니라.
須菩提　菩薩　但應　如所教住

『수보리야, 보살이 분별의 상에 머물지 않고 보시하는 복덕도 이와 같아서 생각으로는 헤아릴 수가 없느니라. 수보리야, 보살은 반드시 이렇게 가르친 대로 살아야 한다.』

*사상四相: 아상, 인상, 중생상, 수자상. 불교의 핵심은 존재의 실체를 분별해서 보려는 상相을 타파하는 것이다. 이는 무아無我의 실천이다. 무아는 곧 연기緣起, 공空, 중도中道를 의미한다.
　아상: 깨달음에 '나다, 내가 옳다, 참 나가 있다'라고 분별하려는 상태의 자아自我.
　인상: 생사의 윤회에 있는 인간이 '내가 인간이다. 남과 구별된 개인의 자아가 있다. 깨달음에 너희라고 하는 상대가 있다'라고 분별을 가진 상태의 개아個我. 개아는 영원히 존재하기를 원하고 물질만능의 욕구 충족과 기복 신앙에 빠지게 한다.
　중생상: 깨달음을 성취하지 못한 모든 존재, 깨달은 우리와 깨닫지 못한 중생을 분별하며, 동시에 살아있는 존재와 죽어 있는 존재를 분별하려는 착각을 가진 상태의 관념.
　수자상: 목숨과 생명에 대해 집착하여 생사를 초월한 내세에도 깨우칠 어떤 영혼(오래 사는 것)이 있다고 분별하는 상태이다.
　인상·중생상·수자상은 아상의 한 부분이며, 상相은 법계의 실체에 대하여 집착하는 경계 혹은 관념이다.

여리실견분

如理實見分　第五

수보리야 **어의운하**오 **가이신상**으로 **견여래부**아

須菩提　於意云何　可以身相　　見如來不

불야니다 **세존**이시여

不也　　世尊

불가이신상으로 **득견여래**니

不可以身相　　得見如來

하이고 여래소설신상은 **즉비신상**일새니라.

何以故　如來所說身相　　卽非身相

불고 수보리하사대

佛告　須須菩

　　　범소유상이

　　　凡所有相

　　　개시허망이라

　　　皆是虛妄

　　　약견제상비상하면

　　　若見諸相非相

　　　즉견여래니라.

　　　卽見如來

제5. 여래의 참모습

『수보리야, 너는 어떻게 생각하느냐, 신체적 특징을 갖춘 육신을 여래라고 볼
수 있겠느냐?』『아닙니다. 세존이시여, 신체적 특징을 갖춘 육신만을 가지고
여래라고 볼 수는 없습니다.[6] 왜냐하면 여래께서 '신체적 특징을 갖춘 육신'이라고
말한 바는 곧 '신체적 특징을 갖춘 육신이 아님'을 말씀하셨기 때문입니다.』
부처님께서 수보리에게 말씀하셨다.
『무릇 신체적 특징이 있다는 온갖 상[7]은 모두가 다 헛된 것이니라. 모든 상의
신체적 특징이 그 신체적 특징이 아님을 볼 수가 있다면 바로 여래를 보리라.』

6) 신상: 부처님의 몸에 보이는 32가지 신체적 특징을 갖춘 육신, 35)의 일합상 참조
7) 범소유상: 범부나 성자 혹은 가식과 올바름과 같이 조건으로 지어진 고정관념의 상.

정신희유분
正 信 希 有 分 第 六

수보리가 **백불언**하시대 **세존**이시여 **파유중생**이
須 菩 提　　白 佛 言　　　世 尊　　　頗 有 衆 生

득문여시언설장구하고 **생실신부**아
得 聞 如 是 言 說 章 句　　生 實 信 不

불고 수보리하사대 **막작시설**하라.
佛 告　須 須 菩　　　莫 作 是 說

여래멸후 후오백세에 **유 지계수복자**하야
如 來 滅 後 後 五 百 歲　　有　持 戒 修 福 者

어차장구에 **능생신심**하야 **이차위실**이니라.
於 此 章 句　　能 生 信 心　　　以 此 爲 實

당지시인은 **불어일불이불삼사오불**에 **이종선근**이라.
當 知 是 人　　不 於 一 佛 二 佛 三 四 五 佛　　而 種 善 根

이어무량 천만불소에 **종제선근**하야
已 於 無 量　千 萬 佛 所　　種 諸 善 根

문시장구하고 **내지일념**이라도 **생정신자**이니라.
聞 是 章 句　　乃 至 一 念　　　生 淨 信 者

수보리야 **여래**는 **실지실견**하니 **시제중생**이
須 菩 提　　如 來　　悉 知 悉 見　　是 諸 衆 生

제6. 바른 믿음의 경이로움

수보리가 부처님께 여쭈었다. 『세존이시여, 어떤 중생이 이와 같은 말씀과 글귀를 듣고서 진실다운 믿는 마음을 낼 수 있겠습니까?』

부처님께서 말씀하셨다. 『수보리야, 그런 말 하지 말라. 여래가 열반에 멸도한 뒤 오백년 후[8]에도 계를 지키고 복을 닦는 이가 있어, 이 말씀에 믿음의 마음을 내고, 이것을 진실하게 여기리라. 마땅히 알라. 이 사람은 한 부처님이나 두 부처님이나 셋 넷 다섯 부처님께만 착한 근기의 선근을 심었을 뿐 아니라, 이미 한량없는 천만의 부처님 처소에 온갖 선근을 튼튼히 심은 사람이니, 이 글귀를 듣고는 잠깐의 생각에 깨끗한 믿음을 낸다. 수보리야, 여래는 이 모든 중생들이 이와 같이 한량없는 복덕을 얻는 것을 다 알고 다 보느니라. 왜냐하면

8) 투쟁이 난무하고 정법이 없는 미래말세를 지칭함.

*선근: 마음의 바탕

득여시무량복덕이니라.
得 如 是 無 量 福 德

하이고 시제중생이 무부 아상 인상 중생상
何 以 故 是 諸 衆 生 無 復 我 相 人 相 衆 生 相

수자상하며 무법상하며 역무비법상이니라.
壽 者 相 無 法 相 亦 無 非 法 相

하이고 시제중생이 약심취상하면 즉위착아인중생
何 以 故 是 諸 衆 生 若 心 取 相 卽 爲 着 我 人 衆 生

수자이니 약취법상이라도 즉착아인중생수자이니
壽 者 若 取 法 相 卽 着 我 人 衆 生 壽 者

하이고 약취비법상이라도 즉착아인중생수자일새니라.
何 以 故 若 取 非 法 相 卽 着 我 人 衆 生 壽 者

시고로 불응취법이며 불응취비법이니라.
是 故 不 應 取 法 不 應 取 非 法

이시의고로 여래 상설하시길 여등 비구여
以 是 義 故 如 來 常 說 汝 等 比 丘

지아설법은 여벌유자이니라.
知 我 說 法 如 筏 喩 者

법상응사거늘 하황비법이라.
法 尙 應 捨 何 況 非 法

이러한 중생은 다시는 아상·인상·중생상·수자상이 없으며, 법이라는 상[9]이 없고 법이 아니라는 상도 없기 때문이니라. 왜냐하면, 이러한 중생들이 만일 마음에 상을 취하면 이는 곧 아상·인상·중생상·수자상에 집착하는 것이고, 똑같이 법상을 가져도 이는 아상·인상·중생상·수자상에 집착하는 것이기 때문이다. 왜냐하면 법상이 아님을 가져도 이는 곧 아상·인상·중생상·수자상에 집착하는 것이기 때문이다.[10] 그래서 법에 집착해도 안 되고, 법이 아닌 것에 집착해서도 안 된다. 그러므로 여래는 늘 말씀하셨다. 「너희 수행승들이여! 나의 설법은 뗏목과 같은 줄 알아라. 법도 응당 버려야 하거늘 하물며 법 아닌 것을 말할 필요가 있겠는가!」』

9) 법상: 부처님 가르침에는 진리가 있다는 관념.
10) 위아爲我 무위無爲의 개념.

무득무설분

無 得 無 說 分 第 七

수보리야 **어의운하**오

須 菩 提　　於 意 云 何

여래 득아뇩다라삼먁삼보리야 **여래유소설법**야

如 來　得 阿 耨 多 羅 三 藐 三 菩 提 耶　如 來 有 所 說 法 耶

수보리언하되 **여아해불소설의**컨대 **무유정법**을 **명**

須 菩 提 言　　如 我 解 佛 所 說 義　　無 有 定 法　　名

아뇩다라삼먁삼보리며 **역무유정법**을 **여래가설**이니라.

阿 耨 多 羅 三 藐 三 菩 提　　亦 無 有 定 法　　如 來 可 說

하이고 여래소설법은 **개불가취**며 **불가설**이며

何 以 故　如 來 所 說 法　　皆 不 可 取　　不 可 說

비법이며 **비비법**이니 **소이자하**오

非 法　　非 非 法　　　所 以 者 何

일체현성이 **개이무위법**으로 **이유차별**입니다.

一 切 賢 聖　　皆 以 無 爲 法　　　而 有 差 別

제7. 깨우침에는 얻을 법과 설명할 바가 없다

『수보리야, 네 생각은 어떠한가. 여래가 가장 높고 바른 깨달음인 아뇩다라삼먁삼보리를 얻었는가? 여래가 말한 바에 법이 있는가?』 수보리가 대답하였다. 『제가 부처님께서 말씀하신 뜻을 이해하기로는 '아뇩다라삼먁삼보리이다.'고 지칭할 만한 정해진 법이 없고, 또한 여래께서 설명하셨다고 할 만한 정해진 법도 없습니다. 왜냐하면 여래께서 설명하신 법은 모두 얻을 수도 없고 설명할 수도 없으며, 법도 아니고 법이 아님도 아니기[11] 때문입니다. 왜냐하면 모든 성현聖賢[12]들이 모두 다 이 무위의 법을 근본으로 하여 각각의 차별[13]을 이루었기 때문입니다.』

11) 비법: 일체법의 실체는 외양이 없고, 비비법: 진여에는 我가 없어서 실상이 있다.

12) 성현은 불도를 깨친 성문 4과위로 수다원, 사다함, 아나함, 아라한이다.

13) 무위법과 차별: 행위를 함에 자취가 없어 사상四相이 남지 않고 함이 없이 이루어지는 무위법에는, 생멸변화가 없다는 열반의 체험은 같지만 성문 4과마다 각각 차별이 있다. 20쪽에 설명.

의법출생분
依 法 出 生 分 第 八

수보리야 **어의운하**오
須 菩 提　　於 意 云 何

약인이 **만삼천대천세계칠보**를 **이용보시**하면
若 人　　滿 三 千 大 千 世 界 七 寶　　以 用 布 施

시인의 **소득복덕**이 **영위다부**아
是 人　　所 得 福 德　　寧 爲 多 不

수보리언하되 **심다**니다 **세존**이시여 **하이고 시복덕**이
須 菩 提 言　　甚 多　　世 尊　　何 以 故 是 福 德

즉비복덕성일새 **시고**로 **여래설복덕다**니다.
卽 非 福 德 性　　是 故　　如 來 說 福 德 多

약부유인이 **어차경중**에 **수지내지사구게등**하야
若 復 有 人　　於 此 經 中　　受 持 乃 至 四 句 偈 等

위타인설하면 **기복**이 **승피**하리니
爲 他 人 說　　其 福　　勝 彼

하이고 수보리야
何 以 故 須 菩 提

일체제불과 **급제불**의 **아뇩다라삼먁삼보리법**이
一 切 諸 佛　　及 諸 佛　　阿 耨 多 羅 三 藐 三 菩 提 法

제8. 부처와 깨달음의 경전, 금강경

『수보리야, 너는 어떻게 생각하느냐. 어떤 사람이 삼천대천세계에 일곱 가지 보배인 칠보를 가득 채워 보시한다면 이 사람이 받을 복덕이 매우 많지 않겠느냐?』 수보리가 대답하였다. 『매우 많겠나이다. 세존이시여, 무슨 까닭인가 하면 이 복덕은 바로 복덕의 본질이 아닌 까닭에 여래께서는 복덕이 많다고 말씀하셨습니다.』

『다시 어떤 사람이 이 경의 내용 중에서 네 구절만이라도 받아 지니고 이를 다른 사람에게 설명해주면 그 복덕은 칠보를 보시한 저 복덕보다도 더 뛰어나다. 왜냐하면 수보리야, 모든 부처님들과 그 부처님들의 가장 높고 바른 깨달음의 법은 모두 이 금강경에서 나왔기 때문이다.

개종차경출이니라.
皆 從 此 經 出

수보리야 **소위 불법자**는 **즉비불법**이니라.
須菩提 所謂 佛法者 卽非佛法

『그래서 수보리야, 소위 부처의 가르침이라고 흔히 말하는 것은 부처의 가르침이
아니다.』

성문 4과위는 다음과 같다.
*수다원: 성자의 흐름에 들어간 자. 수다원의 과위는 육진에 물들지 않고 무루업을 닦아 번뇌가 나지
않게 하여 인고의 몸을 다시 받지 않는 수행자이다.
*사다함: 욕계 세상에 한 번만 돌아올 자. 사다함의 과위는 하위 5개 족쇄인 중생을 오도하는 자아가
있다는 생각, 계율과 의식에 대한 집착, 불법승·계율·연기법을 회의하는 의심이 사라졌고, 감각적 욕망과
성내는 마음이 매우 엷어진 성자. 사다함은 제二의 생멸이 없는 '일왕래'이다.
*아나함: 감각적 쾌락과 욕망과 성내는 마음마저 끊어졌기 때문에 욕계 세상에 돌아오지 않는 자 '불래'라고
함, 사다함에서 욕심을 완전히 버리고 미세한 번뇌가 남음.
*아라한: 색계에 대한 집착, 무색계에 대한 집착, 자만, 들뜨고 불안한 마음, 사성제와 연기법을 모르는
무명 등 상위 5개 족쇄를 모두 깨침. 끊을 만한 번뇌가 없고 여읠 탐진치가 없으며, 생사의 윤회를
초월한 불제자 최고의 계위, 마음이 항상 깨끗하고 고요한 존자.

일상무상분
一 相 無 相 分 第九

수보리야 **어의운하**오
須 菩 提　　於 意 云 何

수다원이 **능작시념**하되 **아득수다원과부**아.
須 陀 洹　　能 作 是 念　　我 得 須 陀 洹 果 不

수보리언하되 **불야**니다 **세존**이시여
須 菩 提 言　　不 也　　世 尊

하이고 수다원은 **명위입류**로데 **이무소입**하야
何 以 故　須 菩 提　　名 爲 入 流　　而 無 所 入

불입색성향미촉법일새 **시명수다원**이니다.
不 入 色 聲 香 味 觸 法　　是 名 須 陀 洹

수보리야 **어의운하**오
須 菩 提　　於 意 云 何

사다함이 **능작시념**하되 **아득사다함과부**아.
斯 陀 含　　能 作 是 念　　我 得 斯 陀 含 果 不

수보리언하되 **불야**니다 **세존**이시여 **하이고 사다함**은
須 菩 提 言　　不 也　　世 尊　　何 以 故　斯 陀 含

명일왕래로되 **이실무왕래**일새 **시명사다함**이니다.
名 一 往 來　　而 實 無 往 來　　是 名 斯 陀 含

제9. 깨우침을 가졌다는 마음을 비우라[14]

『수보리야, 너는 어떻게 생각하느냐. 수다원이 「나는 수다원과를 얻었다」라고 생각을 하겠는가?』 수보리가 대답하였다. 『아니옵니다. 세존이시여. 왜냐하면 수다원은 '성인의 흐름에 들었다'는 말이지만 실은 들어간 것이 아니고, 형색·소리·냄새·맛·감촉·어떤 법에 들어가지 않는 것을 수다원이라고 부르기 때문입니다.』

『수보리야, 너는 어떻게 생각하느냐. 사다함이 「나는 사다함과를 얻었다」고 생각을 하겠는가?』 수보리가 대답하였다. 『아닙니다. 세존이시여. 왜냐하면 사다함은 '세상에 한 번만 돌아올 쟈'라고 불리지만 실은 돌아옴이 없는 것을 사다함이라고 부르기 때문입니다.』

---

14) 일상은 깨우침을 가신나는 마음, 무상은 마음이 항상 깨끗하고 고요한 무소유의 마음.

수보리야 **어의운하**오.
須菩提　於意云何

아나함이 **능작시념**하되 **아득아나함과부**아.
阿那含　能作是念　　我得阿那含果不

수보리언하되 **불야**니다 **세존**이시여 **하이고 아나함**은
須菩提言　　不也　　世尊　　何以故　阿那含

명위불래로되 **이실무불래**일새 **시고**로 **명아나함**이니다.
名爲不來　　而實無不來　　是故　　名阿那含

수보리야 **어의운하**오
須菩提　於意云何

아라한이 **능작시념**하되 **아득아라한도부**아.
阿羅漢　能作是念　　我得阿羅漢道不

수보리언하되 **불야**니다 **세존**이시여 **하이고 실무유법**하여
須菩提言　　不也　　世尊　　何以故　實無有法

명아라한이오니 **세존**이시여 **약아라한**이 **작시념**하되
名阿羅漢　　世尊　　若阿羅漢　作是念

아득아라한도라함은 **즉위착 아인중생수자**일새니다.
我得阿羅漢道　　即爲着　我人衆生壽者

세존이시여 **불설 아득무쟁삼매인중**에 **최위제일**이라
世尊　　佛說 我得無諍三昧人中　最爲第一

『수보리야, 너는 어떻게 생각하느냐. 아나함이 「나는 아나함의 과를 얻었다」라고 생각을 하겠는가?』 수보리가 대답하였다. 『아니옵니다. 세존이시여. 왜냐하면 아나함은 '세상에 오지 않는 자'라고 불리지만 실은 오지 않는다는 생각이 없는 것을 아나함이라고 부르기 때문입니다.』

『수보리야, 너는 어떻게 생각하느냐. 아라한이 「나는 아라한의 도를 얻었다」라고 생각을 하겠느냐?』 수보리가 대답하였다. 『아니옵니다. 세존이시여. 왜냐하면 깨달음에 '실로 이것이 진리의 법이다고 할 만한 내용이 없는 것'을 아라한이라고 부르기 때문입니다. 세존이시여, 만일 아라한이 「나는 아라한의 도를 얻었다」라고 생각을 한다면 이는 곧 아상, 인상, 중생상, 수자상에 집착하는 것입니다.』

『세존이시여, 부처님께서 저를 일러 다툼이 없는 삼매를 얻은[15] 사람 가운데서

---

15) 무쟁삼매: 부처님은 수보리 존자가 다툼 없는 도 닦음을 증득한 제자라고 칭송하였다.

시제일이욕아라한이라하오나 **세존**이시여 **아부작시념**하되
是 第 一 離 欲 阿 羅 漢　　世 尊　　我 不 作 是 念

아시이욕아라한이니다 **세존**이시여
我 是 離 欲 阿 羅 漢　　世 尊

아약작시념하되 **아득아라한도**라하면
我 若 作 是 念　　我 得 阿 羅 漢 道

세존이 **즉불설 수보리 시요아란나행자**라하시려니
世 尊　卽 不 說　須 菩 提　是 樂 阿 蘭 那 行 者

이수보리는 **실무소행**일새 **이명수보리**를
以 須 菩 提　實 無 所 行　而 名 須 菩 提

시요아란나행이니다.
是 樂 阿 蘭 那 行

가장 으뜸이라 말씀하셨고, 이는 욕심을 여읜 첫째 가는 아라한이란 말씀이지만, 저는 「나는 욕심을 여읜 아라한이다」라고 생각하지 않습니다.
세존이시여, 제가 만일 「나는 아라한의 도를 얻었다」라고 생각을 한다면 세존께서는 곧 「수보리는 아란나행을 즐기는 자이다」[16]라고 말씀하지 않으셨을 것입니다. 수보리가 실로 아란나행을 한다는 티가 없으므로 수보리를 부르기를 「수보리는 아란나행을 즐긴다」라고 하셨습니다.』

16) **아란나행**: 무쟁삼매 혹은 적정행寂靜行과 같은 말이다.

장엄정토분
莊嚴淨土分第十

불고 수보리야 **어의운하**오
佛告 須菩提　於意云何

여래 석재연등불소하야 **어법**에 **유소득부**아.
如來　昔在燃燈佛所　　於法　有所得不

불야니다 **세존**이시여
不也　　世尊

여래 재연등불소하사 **어법**에 **실무소득**이니다.
如來　在燃燈佛所　　於法　實無所得

수보리야 **어의운하**오 **보살**이 **장엄불토부**아.
須菩提　於意云何　菩薩　莊嚴佛土不

불야니다 **세존**이시여 **하이고 장엄불토자**는
不也　　世尊　　何以故　莊嚴佛土者

즉비장엄이며 **시명장엄**이니다. **시고**로 **수보리**야
卽非莊嚴　　是名莊嚴　　是故　須菩提

제보살마하살이 **응여시생청정심**이니
諸菩薩摩訶薩　應如是生淸淨心

불응주색생심하며 **불응주성향미촉법생심**하니
不應住色生心　　不應住聲香味觸法生心

제10. 보살이 불국토를 장엄하다

부처님께서 수보리에게 말씀하셨다. 『수보리야, 너는 어떻게 생각하느냐. 여래가 옛적에 연등 부처님 처소에서 어떤 법을 얻은 바가 있었는가?』『없습니다. 세존이시여. 여래께서 연등부처님 처소에 계실 적에 아무런 법도 얻은 것이 없습니다.』『수보리야, 너는 어떻게 생각하느냐. 보살이 '불국토를 장엄한다'[17]고 하지 않겠는가?』『아니옵니다. 세존이시여. 왜냐하면 보살이 '불국토를 장엄한다'는 것은 불국토를 장엄하려는 위함이 아니므로 그 이름을 장엄이라고 부릅니다.』[18]
『그러므로 수보리야, 모든 보살은 응당 이렇게 깨끗한 마음을 내어야 한다. 형색에 집착하여 마음을 내지 말고, 소리, 냄새, 맛, 감촉, 법에도 집착하지 않고 마음을 내어야 한다.

---

17) 부처님의 가르침인 생멸, 고집멸도, 연기법을 깨우치게 하고, 널리 중생을 이롭게 제도함.

응무소주하야 이생기심이니라.
應無所住　　而生其心

수보리야 비여유인이 신여수미산왕하면 어의운하오
須菩提　譬如有人　身如須彌山王　　於意云何

시신이 위대부아 수보리언하되 심대이니다.
是身　爲大不　須菩提言　　甚大

세존이시여 하이고 불설비신이 시명대신이니다.
世尊　　何以故　佛說非身　是名大身

마땅히 머무는 바와 집착함이 없이 마음을 내어야 하느니라.』

『수보리야 비유하건대, 가령 어떤 사람의 몸이 산의 왕 수미산만큼 크다면 너는 어떻게 생각하느냐, 그 몸이 크다고 하지 않겠는가?』 수보리가 대답하였다. 『엄청나게 큽니다. 세존이시여. 왜냐하면 부처님께서는 '몸 아님'을 가리켜서 '이것이 큰 몸이다'고 부르기 때문입니다.』

18) 금강경 이전에 설해진 아함경에서부터 붓다는 모든 존재는 다 인연에 의해서 이루어진 존재이므로 그것만이 갖고 있는 어떤 고유의 성질이 있지 않다고 말씀하였다. 그 점을 생각해 본다면, 중생은 중생이라는 어떤 고유의 성질이 없고 부처 역시 부처라는 고유의 성질이 없다는 것을 알 수가 있다. 중생이라 부르는 것이나 부처라 부르는 것이나 모두가 다 어떤 고유한 성질을 가리키는 것이 아니라 편의상 지어 부르는 이름에 지나지 않는다.

무위복승분

無 爲 福 勝 分 第 十一

수보리야 **여항하중소유사수**에 **여시사등항하**이라면
須 菩 提　　如.恒 河 中 所 有 沙 數　　如 是 沙 等 恒 河

어의운하오 **시제항하사 영위다부**아. **수보리언**하되
於 意 云 何　　是 諸 恒 河 沙 寧 爲 多 不　　須 菩 提 言

심다니다 **세존**이시여 **단제항하**도 **상다무수**어든
甚 也　　世 尊　　但 諸 恒 河　　尙 多 無 數

하황기사이리까. **수보리**야 **아금**에 **실언**으로 **고여**하노니
何 況 其 沙　　須 菩 提 我 今 實 言 告 汝

약유선남자선여인이 **이칠보**를 **만이소항하사수**하여
若 有 善 男 子 善 女 人　　以 七 寶　　滿 爾 所 恒 河 沙 數

삼천대천세계에· **이용보시**하면 **득복**이 **다부**아.
三 千 大 千 世 界　　以 用 布 施　　得 福　　多 不

수보리언하되 **심다**니다 **세존**이시여 **불고 수보리**하사대
須 菩 提 言　　甚 多　　世 尊　　佛 告 須 菩 提

약선남자선여인이 **어차경중**에 **내지수지 사구게등**하여
若 善 男 子 善 女 人　　於 此 經 中　　乃 至 受 持 四 句 偈 等

위타인설하면 **이차복덕**이 **승전복덕**이니라.
爲 他 人 說　　而 此 福 德　　勝 前 福 德

제11. 위함 없이 남에게 설명하라

『수보리야, 항하에 있는 모래 수만큼 많은 항하가 있다면 어떻게 생각하느냐. 이 모든 항하의 모래 수는 진정 많다고 하지 않겠는가?』 수보리가 대답하였다. 『매우 많습니다. 세존이시여, 항하들만 해도 헤아릴 수 없이 많은데 하물며 그 항하들의 모래 수야 말로써 하겠습니까?』

『수보리야, 내가 지금 진실한 말로 너에게 말하노니, 만일 선남자 선여인이 항하의 모래 수처럼 많은 삼천대천세계에 칠보를 가득히 채워서 보시한다면 그 복덕이 많지 않겠는가?』 수보리가 대답하였다. 『매우 많겠습니다. 세존이시여.』 부처님이 수보리에게 말씀하셨다. 『선남자 선여인이 이 금강경에서 4개의 구절만 이라도 받아 지니고 이를 다른 사람에게 설명해준다면 이 복덕은 칠보로 보시한 저 복덕보다 더 뛰어나리라.』

존중정교분
尊 重 正 敎 分 第 十二

부차 수보리야 수설시경_{하되} 내지사구게등_{하면}
復次 須菩提　隨說是經　　乃至四句偈等

당지차처_는 일체세간 천인아수라_가
當知此處　一切世間　天人阿修羅

개응공양_할 여불탑묘_{하거늘}
皆應供養　如佛塔廟

하황유인_이 진능수지독송_{이리요.}
何況有人　盡能受持讀誦

수보리_야 당지_{하라}
須菩提　當知

시인_은 성취 최상_의 제일 희유지법_{이니}
是人　成就　最上　第一　希有之法

약시경전_의 소재지처_는
若是經典　所在之處

즉위유불_과 약존중제자_{이니라.}
卽爲有佛　若尊重弟子

제12. 바른 가르침을 존중함

『또 수보리야, 이 금강경과 이 경의 4개의 구절이라도 그 뜻이 설명해지는 곳곳은 어디든지 모든 세상의 하늘의 신, 인간, 아수라 모두가 마땅히 공양할 부처님의 탑과 묘임을 알아야 하거늘, 하물며 정성을 다 해 이 경 전부를 받아 지니고 읽고 외우는 사람은 어떠하겠는가!

수보리야, 당연히 이 사람은 가장 높고 으뜸가는 경이로운 법을 성취하게 될 것임을 알아야 한다. 이와 같이 이 경전이 있는 곳은 부처님이 계시거나 혹은 부처님과 같이 존경받는 제자들이 있는 곳이니라.』

여법수지분
如 法 受 持 分 第 十三

이시에 **수보리 백불언**하되 **세존**이시여
爾 時　須 菩 提　白 佛 言　　世 尊

당하명차경이며 **아등**이 **운하봉지**하오리까.
當 何 名 此 經　　我 等　云 何 奉 持

불고 수보리하시되 **시경**은 **명위 금강반야바라밀**이니
佛 告　須 菩 提　　是 經　名 爲　金 剛 般 若 波·羅 蜜

이시명자로 **여당봉지**하리니
以 是 名 字　　汝 當 奉 持

소이자하오 **수보리**야 **불설 반야바라밀**은
所 以 者 何　　須 菩 提　佛 說　般 若 波 羅 蜜

즉비반야바라밀이요 **시명반야바라밀**이니라.
卽 非 般 若 波 羅 蜜　　是 名 般 若 波 羅 蜜

수보리야 **어의운하**오 **여래**가 **유소설법부**아.
須 菩 提　於 意 云 何　　如 來　有 所 說 法 不

수보리 백불언하되 **세존**이시여 **여래무소설**이니다.
須 菩 提　白 佛 言　　世 尊　　如 來 無 所 說

수보리야 **어의운하**오
須 菩 提　於 意 云 何

제13. 경을 받아 지니는 방법

그때 수보리가 부처님께 여쭈었다. 『세존이시여, 이 경을 무엇이라 불러야 하며 우리들이 어떻게 받들어 지녀야 하옵니까?』

부처님께서 수보리에게 말씀하셨다. 『이 경의 이름은 금강반야바라밀이니 이 이름으로 너희들은 받들어 지녀라. 왜냐하면 수보리야, 부처님은 '반야바라밀이 다'라는 것이 곧 '반야바라밀이 아니다'[19]고 하셨기 때문에 이것을 반야바라밀이라 부른다.』『수보리야, 너는 어떻게 생각하는가. 여래가 법을 말한 바가 있느냐?』수보리가 대답하였다. 『세존이시여, 여래께서 말씀하신 법이 없습니다.』『수보리야, 너는 어떻게 생각하는가. 삼천대천세계를 이루고 있는 티끌이 많지 않겠는가?』

19) 반야는 마음을 관조하여 본래 내가 없음을 알게 하는 지혜이다. 바라밀은 색, 소리, 냄새, 맛, 촉감, 법에 집착한 중생이 본래 청정함을 깨닫게 한다. '비반야바라밀'은 깨달으면 법을 볼 수 있다는 이상을 버려야(무아상) 모든 법이 본래 저절로 갖추어져 있음을 안다.

삼천대천세계 소유미진이 시위다부아.
三千大千世界 所有微塵 是爲多不

수보리언하되 심다니다 세존이시여 수보리야
須菩提言 甚多 世尊 須菩提

제미진은 여래설 비미진일새 시명미진이며
諸微塵 如來說 非微塵 是名微塵

여래설 세계도 비세계일새 시명세계니라. 수보리야
如來說 世界 非世界 是名世界 須菩提

어의운하오 가이삼십이상으로 견여래부아. 불야니다
於意云何 可以三十二相 見如來不 不也

세존이시여 불가이삼십이상으로 득견여래니 하이고
世尊 不可以三十二相 得見如來 何以故

여래설 삼십이상은 즉시비상일새 시명삼십이상이니다.
如來說 三十二相 卽是非相 是名三十二相

수보리야 약유선남자선여인이 이항하사등신명으로
須菩提 若有善男子善女人 以恒河沙等身命

보시하고 약부유인이 어차경중에
布施 若復有人 於此經中

내지수지사구게등하여 위타인설하면 기복이 심다니라.
乃至受持四句偈等 爲他人說 其福 甚多

수보리가 대답하였다. 『엄청 많습니다. 세존이시여..』『수보리야, 모든 티끌은 여래가 '티끌이 아님'을 말하였으므로 티끌이라고 말하며, 여래는 세계를 '세계가 아님'을 말하였으므로 이를 세계라고 부르느니라.』『수보리야, 네 생각은 어떠하냐. 32가지 신체적 특징을 갖춘 상을 가졌다고 '여래이다'라고 보겠는가?』『아닙니다. 세존이시여, 32가지 특징을 갖춘 상을 여래라고 볼 수 없습니다. 왜냐하면 여래께서는 32가지 특징을 갖춘 상이 곧 '상이 아님'을 말씀하였기 때문에 이를 32가지 특징을 갖춘 상이라 부릅니다.』『수보리야, 만일 선남자 선여인이 항하의 모래 수만큼 목숨을 바쳐 보시하고, 또 어떤 사람이 이 경에서 4구절을 받아 지니고 다른 사람을 위해 말해 준다면 이 복이 저 복보다 매우 많으니라.』

*즉비卽非의 해석: '불설A 즉비A 시명A는 佛이 말하시길 A는 A가 아니다고 하였으며, 이름을 A라고 부른다.'로 해석하기도 하나, 이때는 佛이 긍정과 부정의 주체가 되기에 본문에는 'A는 A가 아님을 말하였으므로 A라고 부른다.'로 정리한다. 또 非는 無限의 크기이다.

이상적멸분
離 相 寂 滅 分 第 十四

이시에 **수보리 문설시경**하고 **심해의취**로 **체루비읍**하야
爾 時　須 菩 提　聞 說 是 經　深 解 義 趣　涕 淚 悲 泣

이백불언하되 **희유 세존**이시여 **불설 여시심심경전**은
而 白 佛 言　希 有 世 尊　佛 說 如 是 甚 深 經 典

아종석래의 **소득혜안**으로 **미증득문 여시지경**이니다.
我 從 昔 來　所 得 慧 眼　未 曾 得 聞 如 是 之 經

세존이시여 **약부유인**이 **득문시경**하고 **신심청정**하면
世 尊　若 復 有 人　得 聞 是 經　信 心 淸 淨

즉생실상하리니 **당지시인**은 **성취제일 희유공덕**이니다.
卽 生 實 相　當 知 是 人　成 就 第 一 希 有 功 德

세존이시여 **시실상자**는 **즉시비상**이오니 **시고**로
世 尊　是 實 相 者　卽 是 非 相　是 故

여래설명실상이니다. **세존**이시여 **아금득문 여시경전**하고
如 來 說 名 實 相　世 尊　我 今 得 聞 如 是 經 典

신해수지는 **부족위난**이거니와 **약당래세 후오백세**에
信 解 受 持　不 足 爲 難　若 當 來 世 後 五 百 歲

기유중생이 **득문시경**하고 **신해수지**하면 **시인**은
其 有 衆 生　得 聞 是 經　信 解 受 持　是 人

제14. 상이라는 관념을 타파하라

그때 수보리가 이 경 말씀하심을 듣고 그 뜻을 깊이 깨닫고는 감격의 눈물을 흘리며 부처님께 말씀드렸다. 『경이롭습니다. 세존이시여, 부처님께서 이렇게 뜻이 깊은 경전을 말씀하시오니, 제가 전생부터 이제까지 닦은 지혜의 눈으로는 일찍이 이와 같은 경을 얻고 들은 적이 없습니다.』『세존이시여, 어떤 사람이 이 경을 듣고 믿음이 청정해지면 곧 '실체를 보는 경계'[20]가 생길 것이니, 이 사람은 마땅히 가장 경이로운 공덕을 성취함을 알겠나이다. 세존이시여, 이런 실체를 보는 경계도 곧 '경계가 아니다'고 하오니 그래서 여래께서 '실체를 보는 경계'라고 부릅니다.』『세존이시여, 제가 지금 이 경을 듣고서 믿고 이해하고 받아 지니기는 어렵지 않습니다. 그러나 미래 오백년 뒤에도 어떤 중생이 이 경을 듣고서 믿고 이해하고 받아 지닌다면, 이 사람은 가장 경이로울 것입니다.

20) 진실을 보는 관념.

즉위제일희유이니다. 하이고 차인은 무아상 무인상하며
即爲第一希有　　何以故 此人　無我相 無人相

무중생상 무수자상이니 소이자하오 아상이
無衆生相 無壽者相　　所以者何　我相

즉시비상이며 인상중생상수자상이 즉시비상이니
即是非相　　人相衆生相壽者相　即是非相

하이고 이일체제상이 즉명제불이라 합니다.
何以故 離一切諸相　即名諸佛

불고 수보리하시되 여시여시하니라. 약부유인이
佛告 須菩提　　如是如是　　若復有人

득문시경하고 불경불포불외하면 당지시인은
得聞是經　　不驚不怖不畏　　當知是人

심위희유니라. 하이고 수보리야 여래설제일바라밀은
甚爲希有　　何以故 須菩提　如來說第一波羅蜜

즉비제일바라밀이며 시명제일바라밀이니라.
即非第一波羅蜜　　是名第一波羅蜜

수보리야 인욕바라밀도 여래설비인욕바라밀이며
須菩提　忍辱波羅蜜　如來說非忍辱波羅蜜

시명인욕바라밀이니 하이고 수보리야
是名忍辱波羅蜜　　何以故 須菩提

왜냐하면 이 사람은 아상 인상 중생상 수자상이 전혀 없기 때문입니다. 왜냐하면 깨우침에서 '내가 있다'라는 경계는 곧 경계가 아니며, '너희가 있다'라는 경계, '우리가 있다'라는 경계, '내세에 그럴 영혼이 있다'라는 경계도 이것이 곧 경계가 아니기 때문입니다. 그 까닭은 온갖 관념의 경계를 떠난 이를 부처라고 부르기 때문입니다.』부처님께서 수보리에게 말씀하셨다.『그렇다. 그렇다. 만일 어떤 사람이 이 경을 듣고 놀라지 않고 겁내지 않고 두려워하지도 않는다면, 이 사람에게는 매우 경이로운 기쁨이 있음을 알라. 왜냐하면 수보리야, 여래가 최고의 바라밀은 곧 '최고의 바라밀이 아님'을 말하였으므로[21] 이것을 최고의 바라밀이라고 부른다.』『수보리야, 욕됨을 참고 인내하는 인욕바라밀도 여래가 '인욕바라밀이 아님'을 말하였으므로 이를 인욕바라밀이라고 한다.

21) 非는 無限의 개념, 깨달음에 최고가 있다는 것은 이상이다.

여아석위가리왕이 할절신체로되 아어이시에 무아상
如我昔爲歌利王　割截身體　我於爾時　無我相

무인상하며 무중생상 무수자상하니 하이고
無人相　無衆生相　無壽者相　何以故

아어왕석절절지해시에 약유아상인상중생상수자상이면
我於往昔節節支解時　若有我相人相衆生相壽者相

응생진한이 있었니라. 수보리야 우념 과거어오백세에
應生瞋恨　須菩提　又念　過去於五百世

작인욕선인하여 어이소세에 무아상 무인상하며
作忍辱仙人　於爾所世　無我相　無人相

무중생상 무수자상하였니라. 시고로 수보리야 보살이
無衆生相　無壽者相　是故　須菩提　菩薩

응리일체상하고 발아뇩다라삼먁삼보리심하되
應離一切相　發阿耨多羅三藐三菩提心

불응주색하고 생심하며 불응주성향미촉법하고 생심하여
不應住　生心　不應住聲香味觸法　生心

응생무소주심이니라. 약심유주하면 즉위비주니 시고로
應生無所住心　若心有住　卽爲非住　是故

불설 보살심은 불응주색보시라하니라. 수보리야 보살이
佛說　菩薩心　不應住色布施　須菩提　菩薩

왜냐하면 수보리야, 내가 옛적에 가리왕에게 몸을 갈기갈기 찢길 적에 아상도 없고 인상도 없고 중생상도 없고 수자상도 없었느니라. 왜냐하면, 옛적 내가 사지가 마디마디 잘렸을 그때에 만약 나에게 아상 인상 중생상 수자상이 있었다면 성내고 원망하는 마음이 생겼을 것이기 때문이다. 수보리야, 여래가 과거 오백년 동안 인욕선인이 되었을 때를 생각하니 그때도 아상 인상 중생상 수자상이 없었느니라.』『그러므로 수보리야, 보살은 마땅히 온갖 관념의 상을 떠나 위없이 높고 깨끗한 마음을 낼지니, 형색에 집착 없이 마음을 내어야 하며, 소리 냄새 맛 감촉 어떤 법에도 집착함 없이 마음을 내어야 한다. 마땅히 머무는 바 없이 마음을 내어야 한다. 그러면 비록 마음에 머묾이 있어도 머무는 바가 아니다. 그러므로 여래는 「보살은 형색에 집착함이 없는 마음으로 보시해야 한다」고 말하였느니라.

위이익일체중생하여 응여시보시하나니 여래설일체제상은
爲利益一切衆生　　應如是布施　　如來說一切諸相

즉시비상이며 우설일체중생은 즉비중생이니라. 수보리야
卽是非相　　又說一切衆生　　卽非衆生　　須菩提

여래는 시진어자며 실어자며 여어자며 불광어자며
如來　是眞語者　實語者　如語者　不誑語者

불이어자니라. 수보리야 여래소득법은 차법이 무실
不異語者　　須菩提　如來所得法　此法　無實

무허니라. 수보리야 약보살이 심주어법하고 이행보시하면
無虛　　須菩提　若菩薩　心住於法　　而行布施

여인입암에 즉무소견이지만 약보살이 심부주법하여
如人入闇　卽無所見　　若菩薩　心不住法

이행보시하면 여인유목어든 일광명조하여 견종종색이니라.
而行布施　　如人有目　日光明照　見種種色

수보리야 당래지세에 약유선남자선여인이 능어차경을
須菩提　當來之世　若有善男子善女人　能於此經

수지독송하면 즉위여래 이불지혜로 실지시인하며
受持讀誦　卽爲如來　以佛智慧　悉知是人

실견시인하나니 개득성취 무량무변공덕하나니라.
悉見是人　皆得成就　無量無邊功德

수보리야, 보살은 모든 중생을 이롭게 하기 위해 응당 이와 같이 보시하나니, 여래가 말한 모든 관념의 상은 곧 관념의 상이 아니며, 또한 온갖 중생도 곧 중생이 아니다. 수보리야, 여래는 진리를 말하며, 진실을 말하며, 언행이 일치를 말하며, 거짓말 없이 말하며, 다른 말을 하지 않고 말하는 이니라. 수보리야, 여래가 얻은 바 이 법에는 진실다움도 없고 헛됨도 없느니라. 수보리야, 보살이 만약 마음에 어떤 법을 집착하고 보시하면 마치 사람이 어둠 속에 들어가면 아무것도 볼 수 없는 것과 같고, 보살이 어떤 법에도 집착하지 않는 마음으로 보시하면 햇빛이 밝게 비칠 때 눈으로 갖가지 모양을 분별해 보는 것과 같다. 수보리야, 미래 세상에 선남자 선여인이 이 경을 받아 지니고 읽고 외운다면 곧 여래가 부처의 지혜로 이 사람을 다 알고 다 보나니, 모두가 헤아릴 수 없는 공덕을 성취하게 되리라.』

지경공덕분
持 經 功 德 分　第 十五

수보리야 **약유선남자선여인**이 **초일분**에
須 菩 提　若 有 善 男 子 善 女 人　初 日 分

이항하사등신으로 **보시**하고 **중일분**에 **부이항하사등신**으로
以 恒 河 沙 等 身　布 施　中 日 分　復 以 恒 河 沙 等 身

보시하고 **후일분**에 **역이항하사등신**으로 **보시**하여
布 施　後 日 分　亦 以 恒 河 沙 等 身　布 施

여시무량백천만억겁을 **이신보시**하되 **약부유인**이
如 是 無 量 百 千 萬 億 劫　以 身 布 施　若 復 有 人

문차경전하고 **신심불역**하면 **기복**이 **승피**하나니
聞 此 經 典　信 心 不 逆　其 福　勝 彼

하황서사수지독송하여 **위인해설**이랴. **수보리**야
何 況 書 寫 受 持 讀 誦　爲 人 解 說　須 菩 提

이요언지하건대 **시경**은 **유 불가사의 불가칭량**
以 要 言 之　是 經　有 不 可 思 議 不 可 稱 量

무변공덕하나니 **여래**는 **위발대승자설**이며 **위발최상승**
無 邊 功 德　如 來　爲 發 大 乘 者 說　爲 發 最 上 乘

자설이니라. **약유인**이 **능수지독송**하여 **광위인설**하면
者 說　若 有 人　能 受 持 讀 誦　廣 爲 人 說

제15. 경을 받아 지니는 공덕

『수보리야, 만약 어떤 선남자나 선여인이 오전에 항하의 모래 수만큼 몸을 보시하고 오후에 또 항하의 모래 수만큼이나 몸을 보시하고 저녁에도 항하의 모래 수만큼 몸을 보시하여, 이와 같이 한량없는 백천만억 겁의 시간을 몸으로 보시한다고 하자. 만약 다른 사람이 이 경전을 듣고 비방하지 않고 믿는다고 하자. 그러면 이 복은 저 복보다 더 뛰어나다. 하물며 이 경을 베껴 쓰고 받아 지니고 읽고 외우고 남을 위해 설명해 줌이야 말할 수 있겠느냐! 수보리야, 간단히 말하자면, 이 경에는 생각할 수도 없고 헤아릴 수도 없는 끝없는 공덕이 있느니라. 여래는 중생을 제도하는 마음을 낸 이를 위해 이 경을 말한 것이며, 깨우침에 가장 높은 마음을 내는 이를 위하여 이 경을 말하느니라. 만일 어떤 사람이 이 경을 받아 지니고 읽고 외워서 널리 다른 사람을 위해 설명해 준다면

여래가 **실지시인**하며 **실견시인**하여 **개득성취**
如來　悉知是人　悉見是人　皆得成就

불가량불가칭무유변 불가사의 공덕하리니 **여시**
不可量不可稱無有邊 不可思議 功德　　　如是

인등은 **즉위하담 여래**의 **아뇩다라삼먁삼보리**니라.
人等　即爲荷擔 如來　阿耨多羅三藐三菩提

하이고 수보리야 **약요소법자**는
何以故 須菩提　若樂小法者

착 아견인견중생견수자견이라 **즉어차경**에
着 我見人見衆生見壽者見　　即於此經

불능청수독송하야 **위인해설**이니라.
不能聽受讀誦　爲人解說

수보리야 **재재처처**에 **약유차경**하면 **일체세간**
須菩提　在在處處　若有此經　　一切世間

천인아수라의 **소응공양**이니
天人阿修羅　所應供養

당지차처는 **즉위시탑**이라 **개응공경**하며
當知此處　即爲是塔　皆應恭敬

작례위요하고 **이제화향**으로 **이산기처**하리다.
作禮圍遶　以諸華香　而散其處

여래는 이 사람을 다 알고 이 사람을 다 보나니, 이 사람은 헤아릴 수 없고 말할 수 없으며 끝도 없고 생각할 수도 없는 공덕을 성취하게 되리라. 이러한 사람들은 곧 여래의 위없이 높은 깨달음을 그 육신을 짊어지고서 성취하리라. 왜냐하면 수보리야, 만약 개인의 해탈을 중요시하는 소승 법을 좋아하는 이는 아상 인상 중생상 수자상에 집착하는 견해 때문에 이 경을 가지고도 능히 알아듣고 읽고 외워서 남을 위해 설명해 주지 못하기 때문이다. 수보리야, 이 경전이 있는 곳은 어디든지 모든 우주공간의 하늘 신, 인간, 아수라들에게서 응당 공양을 받을 것이리라. 마땅히 알라. 이 경이 있는 곳은 곧 부처님의 탑이 되리니, 모두가 공경하며 예배하고 돌면서 그곳에 여러 가지 꽃과 향을 뿌려야 할 것이니라.』

능정업장분
能 淨 業 障 分　第 十六

부차 수보리야 선남자선여인이 수지독송차경하되
復次　須菩提　善男子善女人　受持讀誦此經

약위인경천하면 시인은 선세죄업으로 응타악도하건마는
若爲人輕賤　是人　先世罪業　應墮惡道

이금세인이 경천고로 선세죄업이 즉위소멸하고
以今世人　輕賤故　先世罪業　卽爲消滅

당득아뇩다라삼먁삼보리하니라. 수보리야
當得阿耨多羅三藐三菩提　須菩提

아념과거무량아승지겁하니 어연등불전에
我念過去無量阿僧祇劫　於燃燈佛前

득치팔백사천만억나유타제불하여 실개공양승사하되
得値八百四千萬億那由他諸佛　悉皆供養承事

무공과자니라. 약부유인이 어후말세에
無空過者　若復有人　於後末世

능수지독송차경하면 소득공덕이
能受持讀誦此經　所得功德

어아소공양제불공덕으로 백분불급일이며
於我所供養諸佛功德　百分不及一

제16. 업장을 깨끗이 하다

『또한 수보리야, 이 경을 받아 지니고 읽고 외우는 선남자 선여인이 만약 남에게 멸시와 천대를 당한다면, 이 사람이 지난 전생에서 지은 죄업으로는 마땅히 악도에 떨어져야 하겠지만, 금생에 다른 사람의 멸시와 천대를 받은 탓으로 전생의 죄업이 모두 소멸되고 반드시 가장 높고 바른 깨달음인 아뇩다라삼먁삼보리를 얻게 되리라.』『수보리야, 내가 한량없는 아승기겁[22]의 과거를 생각하니, 연등 부처님 앞에서 팔백 사천만억 나유타 수의 모든 부처님을 만나 뵙고 모두 공양하고 받들어 섬기며 헛되이 그냥 지나친 적이 없었느니라. 만약 또 다른 어떤 사람이 오는 말법 세상에[23] 능히 이 금강경을 잘 받아 지니고 읽고 외워서 받은 그 공덕은 내가 저 모든 부처님께 공양한 공덕으로는 이 공덕에 비해

22) 아승지阿僧祇는 세조 언해본에서 아승기로 읽음, 범어 아상캬의 음사, '무수한'의 뜻.
23) 바른 가르침의 정법이 쇠퇴한 세상, 오탁악세, 쾌락이 난무하고 물질 만능주의 세상.

천만억분과 내지산수비유로 소불능급이니라.
千萬億分　乃至算數譬喻　所不能及

수보리야 약선남자선여인이 어후말세에
須菩提　若善男子善女人　於後末世

유 수지독송차경하는 소득공덕을 아약구설자인데
有　受持讀誦此經　所得功德　我若具說者

혹유인문하고 심즉광란하여 호의불신하리니
或有人聞　心卽狂亂　狐疑不信

수보리야 당지하라 시경은 의도 불가사의하며
須菩提　當知　是經　義　不可思議

과보도 역불가사의이니라.
果報　亦不可思議

백분에 일에도 미치지 못하며 천분의 일, 만분의 일, 억분의 일에도 비교되지 못하며, 나아가서는 어떤 계산이나 비유로도 이 공덕에 미치지 못하리라.』 『수보리야, 어떤 선남자 선여인이 이 다음 정법이 쇠퇴한 말세에 이 금강경을 받아 지니고 읽고 외워서 얻는 공덕을 내가 자세히 말한다면, 아마도 이 말을 듣는 이는 마음이 어지러워서 의심하고 믿지 아니하리라. 수보리야 마땅히 알라, 이 경은 뜻이 말과 생각으로 쉽게 표현될 수 없을 정도로 불가사의하며 그 과보 또한 헤아릴 수 없이 많으리라.』

구경무아분
究竟無我分 第 十七

이시에 **수보리 백불언**하되 **세존**이시여 **선남자선여인**이
爾 時　須菩提 白佛言　　世尊　　善男子善女人

발아뇩다라삼먁삼보리심한이는 **운하응주**며
發阿耨多羅三藐三菩提心　　　云何應住

운하항복기심이니까. **불고 수보리**하시되
云何降伏其心　　　佛告　須菩提

약 선남자선여인이 **발아뇩다라삼먁삼보리심자**는
若 善男子善女人　發阿耨多羅三藐三菩提心者

당생여시심하라 **아응멸도 일체중생**하리라 하되
當生如是心　　我應滅度　一切衆生

멸도일체중생이하여는 **이무유일중생**도 **실멸도자**니라.
滅度一切衆生已　　　而無有一衆生　實滅度者

하이고 수보리야 **약보살**이
何以故 須菩提　若菩薩

유 아상인상중생상수자상이면 **즉비보살**이니
有 我相人相衆生相壽者相　　即非菩薩

소이자하오 **수보리**야 **실무유법**하여
所以者何　須菩提　實無有法

제17. 마침내 무아를 통달하다

그때 수보리가 부처님께 여쭈었다. 『세존이시여, 아뇩다라삼먁삼보리의 마음을
일으킨 선남자 선여인이 깨달은 그 마음을 어떻게 하여 머물고, 번뇌의 마음을
어떻게 다스려야 합니까?』

부처님께서 수보리에게 말씀하셨다. 『가장 높고 바른 깨달음인 아뇩다라삼먁삼보
리의 마음을 일으킨 선남자 선여인은 당연히 이와 같이 「나는 마땅히 온갖
중생을 열반에 들게 제도하리라. 그래서 온갖 중생을 모두 열반에 들게 제도하지
만, 실로 한 명의 중생도 열반에 제도된 이가 없다」[24]고 하는 마음을 가져야
한다. 왜냐하면 수보리야, 만약 보살이 아상 인상 중생상 수자상을 가지고 있다면
곧 보살이 아니기 때문이다. 그 이유는 수보리야, 어떤 진리의 법도 갖지 않는

---

24) 본래 중생은 변하지 않는 본성인 자성을 가지고 있고, 원래 있는 그대로 돌아간 것뿐이다.

발아뇩다라삼먁삼보리심자니라. 수보리야 어의운하오
發阿耨多羅三藐三菩提心者　須菩提　於意云何

여래가 어연등불소에 유법득 아뇩다라삼먁삼보리부아.
如來　於燃燈佛所　有法得 阿耨多羅三藐三菩提不

불야니다 세존이시여 여아해불소설의로는 불이
不也　世尊　如我解佛所說義　佛

어연등불소에 무유법하여 득아뇩다라삼먁삼보리니다.
於燃燈佛所　無有法　得阿耨多羅三藐三菩提

불언하시되 여시여시니라. 수보리야 실무유법하여
佛言　如是如是　須菩提　實無有法

여래가 득아뇩다라삼먁삼보리니라. 수보리야
如來　得阿耨多羅三藐三菩提　須菩提

약유법하여 여래가 득아뇩다라삼먁삼보리자이면
若有法　如來　得阿耨多羅三藐三菩提者

연등불이 즉불여아수기하길 여어내세에 당득작불하여
燃燈佛　卽不與我授記　汝於來世　當得作佛

호 석가모니라 하건만 이실무유법하여
號　釋迦牟尼　以實無有法

득아뇩다라삼먁삼보리이기에 시고로
得阿耨多羅三藐三菩提　是故

상태에서 가장 높고 바른 깨달음의 마음을 일으킨 것이기 때문이니라.』『수보리야, 너는 어떻게 생각하는가? 여래가 연등 부처님 처소에 있을 때 아뇩다라삼먁삼보리를 얻을 만한 어떤 진리의 법[25]이 있었는가?』『그렇지 않습니다. 세존이시여, 제가 부처님이 말씀하신 뜻을 이해하기로는 부처님이 연등 부처님의 처소에 계실 때 어떤 진리의 법이 없기에 아뇩다라삼먁삼보리를 얻은 것입니다.』부처님이 말씀하셨다. 『그렇다. 수보리야, 어떤 진리의 법을 갖지 않는 상태에서 여래가 아뇩다라삼먁삼보리를 얻었느니라. 수보리야, 어떤 진리의 법이 있어서 여래가 아뇩다라삼먁삼보리를 얻었다면, 연등 부처님이 곧 나에게 「그대는 다음 세상에 마땅히 부처가 되고 석가모니라고 하리라」라고 수기하지 않으셨으리라. 실로 어떤 진리의 법을 갖지 않는 상태에서 아뇩다라삼먁삼보리를 얻은 것이다.

25) 이 책에서 有法은 '어떤 진리의 법이 있다'로, 於法은 '어떤 법'으로 해석한다.

연등불이 여아수기하며 작시언하시되 여어내세에
燃燈佛 與我授記 作是言 汝於來世

당득작불하여 호 석가모니라하시니라. 하이고 여래자는
當得作佛 號 釋迦牟尼 何以故 如來者

즉제법여의니 약유인이 언하길 여래득
卽諸法如義 若有人 言 如來得

아뇩다라삼먁삼보리라하면 수보리야 실무유법하여
阿耨多羅三藐三菩提 須菩提 實無有法

불이 득아뇩다라삼먁삼보리이니라. 수보리야 여래가
佛 得阿耨多羅三藐三菩提 須菩提 如來

소득한 아뇩다라삼먁삼보리는 어시중에 무실무허니라.
所得 阿耨多羅三藐三菩提 於是中 無實無虛

시고로 여래설 일체법이 개시불법이라 하나니라.
是故 如來說 一切法 皆是佛法

수보리야 소언일체법자는 즉비일체법이기에
須菩提 所言一切法者 卽非一切法

시고로 명일체법이니 수보리야 비여인신장대이니라.
是故 名一切法 須菩提 譬如人身長大

수보리언하되 세존이시여 여래설 인신장대는
須菩提言 世尊 如來說 人身長大

그러므로 연등 부처님이 내게 수기하시길 「그대는 내세에 마땅히 부처가 되어 그 호를 석가모니라 하리라」라고 말씀하셨다.』 왜냐하면 여래란 모든 존재의 진실한 모습을 의미하기 때문이다. 만약 어떤 사람이 「여래가 아뇩다라삼먁삼보리를 얻었다」고 말해도 수보리야, 실제로 부처님은 어떠한 법이 있지 않는 상태에서 아뇩다라삼먁삼보리를 얻었느니라. 수보리야, 여래가 얻은 깨달음에는 진실다움도 없고 헛됨도 없느니라. 그래서 여래는 「일체법[26] 모두가 이것은 부처의 가르침이다」고 말하노라. 수보리야, '소위 일체법이라고 말하는 것'은 곧 일체법이 아니기에 이름만 일체법이라고 부른다. 수보리야, 비유하자면 사람의 몸이 매우 크다는 것과 같다.』 수보리가 말했다. 『세존이시여, 여래께서 '사람의 몸이 매우 크다'는 것은 곧 '큰 몸 아님'을 말하셨기에 이를 큰 몸이라 부릅니다.』

26) 감각기관(六根)이 외적 대상에 의해 생기는 감각, 여섯 가지 분별(六識).

즉위비대신이라 시명대신이니다. 수보리야 보살도
卽 爲 非 大 身　　是 名 大 身　　須 菩 提　　菩 薩

역여시하여 약작시언하되 아당멸도 무량중생이라 하면
亦 如 是　　若 作 是 言　　我 當 滅 度 無 量 衆 生

즉불명보살이니 하이고 수보리야 실무유법하기에
卽 不 名 菩 薩　　何 以 故 須 菩 提　　實 無 有 法

명위보살이라하니라. 시고로 불설 일체법이
名 爲 菩 薩　　是 故　　佛 說　　一 切 法

무아무인무중생무수자라하니라. 수보리야 약보살이
無 我 無 人 無 衆 生 無 壽 者　　須 菩 提　　若 菩 薩

작시언하되 아당장엄불토라하면 시 불명보살이니라.
作 是 言　　我 當 莊 嚴 佛 土　　是 不 名 菩 薩

하이고 여래설 장엄불토자는 즉비장엄이요
何 以 故 如 來 說 莊 嚴 佛 土 者　　卽 非 莊 嚴

시명장엄일새니라. 수보리야 약보살이 통달무아법자는
是 名 莊 嚴　　須 菩 提　　若 菩 薩　　通 達 無 我 法 者

여래설명 진시보살이니라.
如 來 說 名 眞 是 菩 薩

『수보리야, 보살도 역시 그렇다. 보살이 만일 「나는 마땅히 한량없는 중생을 제도하리라」고 말한다면 보살이라고 이름하지 못한다. 왜냐하면 수보리야, 보살은 어떠한 진리의 법도 갖지 않는 상태이기 때문에 보살이라고 말한다. 그래서 여래는 「일체법에 대해서 '나'도 없고 '너희'도 없고 '중생'도 없고 '내세의 영혼'도 없다」고 말하였느니라. 수보리야, 만일 보살이 「나는 마땅히 불국토를 장엄하리라」고 말한다면, 이는 보살이라고 부를 수 없다. 왜냐하면, 여래가 '불국토를 장엄한다'는 것은 곧 '장엄하게 한다는 위함이 아님'을 말하셨기에 이를 장엄이라고 부른다. 수보리야, 만일 보살이 이 무아의 법을 통달[27]한다면 여래는 그를 참된 보살이라 부르리라.』

---

27) 법이 있다는 관념과 대상에 대한 분별 의식과 중생을 제도한다는 위함을 버린 상태.

일체동관분
一 切 同 觀 分 第 十八

수보리야 **어의운하**오 **여래 유육안부**아. **여시**하니다
須 菩 提 　 於 意 云 何 　 如 來 　 有 肉 眼 不 　 如 是

세존이시여 **여래 유육안**이니다. **수보리**야 **어의운하**오
世 尊 　 如 來 　 有 肉 眼 　 須 菩 提 　 於 意 云 何

여래 유천안부아. **여시**니다 **세존**이시여 **여래 유천안**이니다.
如 來 　 有 天 眼 不 　 如 是 　 世 尊 　 如 來 　 有 天 眼

수보리야 **어의운하**오 **여래 유혜안부**아. **여시**하니다
須 菩 提 　 於 意 云 何 　 如 來 　 有 慧 眼 不 　 如 是

세존이시여 **여래 유혜안**이니다. **수보리**야 **어의운하**오
世 尊 　 如 來 　 有 慧 眼 　 須 菩 提 　 於 意 云 何

여래 유법안부아. **여시**니다 **세존**이시여 **여래 유법안**이니다.
如 來 　 有 法 眼 不 　 如 是 　 世 尊 　 如 來 　 有 法 眼

수보리야 **어의운하**오 **여래 유불안부**아.
須 菩 提 　 於 意 云 何 　 如 來 　 有 佛 眼 不

여시하니다 **세존**이시여 **여래 유불안**이니다.
如 是 　 世 尊 　 如 來 　 有 佛 眼

제18. 일체를 분별없이 보라

『수보리야, 너는 어떻게 생각하는가. 여래가 육안을 가졌느냐?』『그렇습니다. 세존이시여, 여래는 육안을 가지셨나이다.』『수보리야, 너는 어떻게 생각하는가. 여래가 천안을 가졌느냐?』『그러하옵니다. 세존이시여, 여래는 천안을 가지셨나이다.』『수보리야, 너는 어떻게 생각하는가. 여래가 혜안을 가졌느냐?』『그러하옵니다. 세존이시여, 여래는 혜안을 가지셨나이다.』『수보리야, 너는 어떻게 생각하는가. 여래가 법안을 가졌느냐?』『그러하옵니다. 세존이시여, 여래는 법안을 가지셨나이다.』『수보리야, 너는 어떻게 생각하는가. 여래가 불안[28]을 가졌느냐?』『그러하옵니다. 세존이시여, 여래는 불안을 가지셨나이다.』

28) 육안: 땅·물·불·바람으로 구성된 사물을 보는 눈.　　천안: 모든 일을 꿰뚫어 보는 신통력.
　　혜안: 지혜의 눈으로 사물을 관찰하는 눈.　　법안: 모든 법을 밝게 비추어 보는 눈.
　　불안: 깨달음을 가진 부처가 모든 것을 널리 바라보고 모든 것을 아는 눈.

수보리야 어의운하오 여항하중소유사를
須菩提　於意云何　如恒河中所有沙

불설 시사부아. 여시니다 세존이시여 여래설 시사니다.
佛說 是沙不　如是　世尊　如來說 是沙

수보리야 어의운하오 여일항하중소유사하고
須菩提　於意云何　如一恒河中所有沙

유여시사등항하어든 시제항하 소유사수의
有如是沙等恒河　是諸恒河 所有沙數

불세계 여시하면 영위다부아. 심다니다 세존이시여
佛世界 如是　寧爲多不　甚多　世尊

불고 수보리하시되 이소국토중에 소유중생의
佛告 須菩提　爾所國土中　所有衆生

약간종심을 여래 실지하나니 하이고오
若干種心　如來 悉知　何以故

여래설제심은 개위비심이요 시명위심이니라.
如來說諸心　皆爲非心　是名爲心

소이자하오 수보리야 과거심도 불가득이요
所以者何　須菩提　過去心　不可得

현재심도 불가득이며 미래심도 불가득이니라.
現在心　不可得　未來心　不可得

『수보리야, 너는 어떻게 생각하는가. 여래는 저 항하에 있는 수많은 모래에 대해 설명하였는가?』『그렇습니다. 세존이시여, 여래는 이 모래에 대해 말씀하셨나이다.』『수보리야, 너는 어떻게 생각하는가? 저 한 개의 항하에 있는 모래 수와 같이 많은 항하가 있고, 이 많은 항하에 있는 모래 수만큼 많은 수의 부처님 세계가 또 있다면 진정 많다고 하지 않겠는가?』『매우 많습니다, 세존이시여.』

부처님께서 수보리에게 말씀하셨다. 『그렇게 많은 세계의 국토에 있는 모든 중생의 갖가지 마음을 여래가 모두 알고 있느니라. 왜냐하면 여래께서 '온갖 마음이라고 하는 것'이 모두다 '마음이 아님을 성취하려는 것임'을 말하였으므로 이를 마음이라고 부를 뿐이니라. 그 이유는 수보리야, 과거의 마음도 가질 수 없고 현재의 마음도 가질 수 없고 미래의 마음도 가질 수 없기 때문이니라.』

법계통화분

法 界 通 化 分　第 十九

수보리야 **어의운하**오

須 菩 提　 於 意 云 何

약유인이 **만삼천대천세계칠보**로 **이용보시**하면

若 有 人　 滿 三 千 大 千 世 界 七 寶　 以 用 布 施

시인이 **이시인연**으로 **득복**이 **다부**아.

是 人　 以 是 因 緣　 得 福　 多 不

여시하니다 **세존**이시여

如 是　 　世 尊

차인이 **이시인연**으로 **득복**이 **심다**이니다.

此 人　 以 是 因 緣　 得 福　 甚 多

수보리야 **약복덕**이 **유실**인데

須 菩 提　 若 福 德　 有 實

여래불설 득복덕다언마는

如 來 不 說　 得 福 德 多

이복덕무고로 **여래설 득복덕다**이니라.

以 福 德 無 故　 如 來 說　 得 福 德 多

제19. 법계를 교화하다

『수보리야, 너는 어떻게 생각하느냐. 어떤 사람이 삼천대천세계에 일곱 가지 보물 칠보를 가득히 채워 이를 보시한다면 이 사람이 이 인연으로 받는 복덕이 많다고 하겠는가?』

『그렇습니다. 세존이시여, 그 사람은 이 인연으로 매우 많은 복덕을 얻겠나이다.』

『수보리야, 만일 복덕이 실제로 있는 것이라면 여래는 '많은 복덕을 얻는다'고 말하지 않았을 것이다. 복덕이 본래 없는 것이므로 여래가 '많은 복덕을 얻는다'고 말하느니라.』

이색이상분
離 色 離 相 分 　第 二十

수보리야 **어의운하**오 **불**을 **가이구족색신**으로 **견부**아.
須 菩 提 　 於 意 云 何 　 佛 　 可 以 具 足 色 身 　 見 不

불야니다 **세존**이시여 **여래**를 **불응이구족색신**으로 **견**이니다.
不 也 　 世 尊 　 如 來 　 不 應 以 具 足 色 身 　 見

하이고 여래 설구족색신이 **즉비구족색신**이요
何 以 故 　 如 來 　 說 具 足 色 身 　 卽 非 具 足 色 身

시명구족색신라하니다. **수보리**야 **어의운하**오
是 名 具 足 色 身 　 須 菩 提 　 於 意 云 何

여래를 **가이구족제상**으로 **견부**아. **불야**니다 **세존**이시여
如 來 　 可 以 具 足 諸 相 　 見 不 　 不 也 　 世 尊

여래를 **불응이구족제상**으로 **견**이니다.
如 來 　 不 應 以 具 足 諸 相 　 見

하이고 여래설 제상구족이
何 以 故 　 如 來 說 　 諸 相 具 足

즉비구족이요 **시명제상구족**이라 하니다.
卽 非 具 足 　 是 名 諸 相 具 足

제20. 육신과 관념의 상을 버리고 여래를 보라

『수보리야, 네 생각은 어떠한가. 여든 가지 아름다운 모습인 육신을 원만하게 갖추었다고 여래라고 볼 수 있겠는가?』『아닙니다. 세존이시여, 육신을 원만하게 갖추었다[29]고 여래라고 볼 수 없습니다. 왜냐하면, 여래께서 '육신을 원만하게 갖춘다는 것'은 곧 '육신을 원만하게 갖춘다는 것이 아님'을 말하셨으므로 이것을 '육신을 원만하게 갖춘 것'이라 부릅니다.』『수보리야, 네 생각은 어떠한가. 32가지 신체적 특징의 상을 갖추었다고[30] 여래라고 볼 수 있겠는가?』『아닙니다. 세존이시여, 신체적 특징의 상을 갖추었다고 여래라고 볼 수 없습니다. 왜냐하면, 여래께서 '신체적 특징의 상을 갖춘다는 것'은 곧 '신체적 특징의 상을 갖춘다는 것이 아님'을 설명하셨기에 이것을 '신체적 특징의 상을 갖춘 것'이라 부릅니다.』

29) 구족색신: 거룩한 모습을 갖춘 육신.
30) 구족제상: 32가지 신체적 특징을 갖춘 상.

비설소설분
非 說 所 說 分　第 二十一

수보리야 **여물위여래작시념**하되 **아당유소설법**하리라고
須 菩 提　汝 勿 謂 如 來 作 是 念　　我 當 有 所 說 法

막작시념하라. **하이고 약인**이 **언**하되 **여래**
莫 作 是 念　　何 以 故　若 人　言　　如 來

유소설법이라하면 **즉위방불**이라 **불능해아소설고**이니라.
有 所 說 法　　即 爲 謗 佛　　不 能 解 我 所 說 故

수보리야 **설법자**는 **무법가설**이니 **시명설법**이니라.
須 菩 提　說 法 者　無 法 可 說　　是 名 說 法

이시에 **혜명 수보리 백불언**하되
爾 時　慧 命　須 菩 提　白 佛 言

세존이시여 **파유중생**이 **어미래세**에 **문설시법**하고
世 尊　　頗 有 衆 生　於 未 來 世　　聞 說 是 法

생신심부이니까. **불언**하사되 **수보리**야 **피비중생**이며
生 信 心 不　　佛 言　　須 菩 提　彼 非 衆 生

비불중생이니 **하이고 수보리**야 **중생중생자**는
非 不 衆 生　　何 以 故　須 菩 提　衆 生 衆 生 者

여래설비중생이요 **시명중생**이니라.
如 來 說 非 衆 生　　是 名 衆 生

제21. 설할 법이 있다고 설명하지 마라

『수보리야, 너는 「여래가 '내가 설명한 바에 법이 있다'고 생각을 한다」고 말하지 말라. 이런 생각을 하지 말라. 왜냐하면 만약 어떤 사람이 「여래께서 설명을 하신 바에 법이 있다」고 말한다면 이는 여래를 비방하는 것이니, 내가 설명한 말뜻을 이해하지 못했기 때문이다. 수보리야, '법을 말한다는 것'은 '법이 없음을 말하는 것'이므로 이를 설법이라고 부르니라.』 그때 장로 수보리가 부처님께 여쭈었다. 『세존이시여, 미래에 이 법을 설명하심을 듣고서 믿는 마음을 일으킬 어떤 중생이 조금이라도 있겠습니까?』 부처님께서 말씀하셨다. 『수보리야, 저들은 중생이 아니요, 중생 아님도 아니니라. 왜냐하면 수보리야, '중생 중생이라 하는 것'을 여래가 '중생 아님'을 말하였으므로 이를 중생이라고 부르는 것이니라.』

무법가득분
無法可得分 第二十二

수보리 백불언하되 **세존**이시여 **불**이
須菩提 白佛言 世尊 佛

득아뇩다라삼먁삼보리는 **위무소득야**이니까.
得阿耨多羅三藐三菩提 爲無所得耶

불언하시되 **여시여시**니라
佛言 如是如是

수보리야 **아어아뇩다라삼먁삼보리**에
須菩提 我於阿耨多羅三藐三菩提

내지 무유소법가득이기에
乃至 無有少法可得

시명 아뇩다라삼먁삼보리니라.
是名 阿耨多羅三藐三菩提

제22. 깨달음에 얻은 법이 없다

수보리가 부처님께 여쭈었다.

『세존이시여, 부처님께서 위없이 높고 바른 깨달음인 '아뇩다라삼먁삼보리'를 얻으신 것은 얻은 바가 없기에 그러하옵니까?』

부처님이 말씀하셨다.

『그러니라, 그러니라. 수보리야, 내가 '아뇩다라삼먁삼보리'라 함은 내가 어떤 법이 조금이라도 있지 않는 상태에서 아무것도 얻은 것이 없는 것, 이를 '아뇩다라삼먁삼보리'라고 부르니라.』

정심행선분
淨 心 行 善 分　第 二十三

부차 수보리야 **시법**이 **평등**하야 **무유고하**이라
復次　須菩提　是法　平等　　無有高下

시명 아뇩다라삼먁삼보리이니라.
是名　阿耨多羅三藐三菩提

이무아무인무중생무수자로 **수일체선법**하면
以無我無人無衆生無壽者　　修一切善法

즉득아뇩다라삼먁삼보리니라.
卽得阿耨多羅三藐三菩提

수보리야 **소언선법자**는 **여래설 즉비선법**이며
須菩提　　所言善法者　　如來說　卽非善法

시명선법이니라.
是名善法

제23. 깨끗한 마음으로 선을 행하라

『또한 수보리야, 이 법은 평등하여 높은 것도 없고 낮은 것도 없으니, 이것을 위없이 높고 바른 깨달음인 '아뇩다라삼먁삼보리'라고 부른다.

이는 '나'도 없고 '너희'도 없고 '중생'도 없고 '내세의 영혼'이라는 것도 없이 온갖 선법[31]을 닦으면 곧 위없이 높고 바른 깨달음인 '아뇩다라삼먁삼보리'를 얻게 된다.

수보리야, 소위 '선법이라 말하는 것'은 여래가 '선법이 아님'을 말하였으므로[32] 이를 선법이라고 부르느니라.』

31) 선법: 도리에 맞게 도움이 되는 좋은 법, 사성제와 팔정도.
32) 선법이라고 지칭할 어떤 정해진 법이 없다. '이것이 선법이다'라고 분별하지 말라.

복지무비분
福 智 無 比 分　第 二十四

수보리야 **약삼천대천세계중**에 **소유제수미산왕**의
須 菩 提　若 三 千 大 千 世 界 中　所 有 諸 須 彌 山 王

여시등칠보취를 **유인**이 **지용보시**하고
如 是 等 七 寶 聚　有 人　持 用 布 施

약인이 **이차반야바라밀경**의 **내지사구게등**을
若 人　以 此 般 若 波 羅 蜜 經　乃 至 四 句 偈 等

수지독송하여 **위타인설**하면 **어전복덕**은
受 持 讀 誦　爲 他 人 說　於 前 福 德

백분에 **불급일**이며 **백천만억분**과 **내지산수비유**에
百 分　不 及 一　百 千 萬 億 分　乃 至 算 數 譬 喩

소불능급이니라.
所 不 能 及

제24. 복과 지혜를 비교하지 마라

『수보리야, 만일 삼천대천세계에 있는 산의 왕 수미산만한 그런 칠보를 무더기로 가지고 보시하는 사람이 있다고 하자.

또 다른 어떤 사람이 이 반야바라밀경과 혹은 이 경에서 4구절의 게송을 받아 지니고 읽고 외워서 이를 다른 사람을 위해 설명해준다고 하자. 그러면 앞에서 칠보로 보시한 복덕은 이 복덕에 비해 백분의 일에도 미치지 못하며, 천분의 일, 만분의 일, 억만분의 일에도 미치지 못하며, 나아가서는 어떤 계산이나 비유로도 미칠 수가 없느니라.』

화무소화분
化 無 所 化 分　第 二十五

수보리야 **어의운하**오
須 菩 提　　於 意 云 何

여등은 **물위여래작시념**하되 **아당도중생**이라 하여
汝 等　　勿 謂 如 來 作 是 念　　我 當 度 衆 生

수보리야 **막작시념**이니라.
須 菩 提　　莫 作 是 念

하이고 실무유중생을 **여래도자**니 **약유중생**을
何 以 故　實 無 有 衆 生　　如 來 度 者　　若 有 衆 生

여래도자이라면 **여래 즉유아인중생수자**이 되나라.
如 來 度 者　　　如 來　卽 有 我 人 衆 生 壽 者

수보리야 **여래설유아자**는 **즉비유아**거늘
須 菩 提　　如 來 說 有 我 者　　卽 非 有 我

이범부지인이 **이위유아**니
而 凡 夫 之 人　　以 爲 有 我

수보리야 **범부자**는 **여래설즉비범부**요 **시명범부**니라.
須 菩 提　　凡 夫 者　　如 來 說 卽 非 凡 夫　　是 名 凡 夫

제25. 분별없이 교화하라

『수보리야, 네 생각에는 어떠한가? 너희들은 여래가 「나는 중생을 제도하리라」는 생각을 한다고 말하지 말라. 수보리야, 이런 생각을 하지 말라. 무슨 까닭이냐 하면, 실로 여래에게는 제도할 중생이 없기 때문이다. 만일 '여래가 어떤 중생을 제도한다'는 생각이 있다면 이는 곧 여래가 '나라는 것', '너희이란 것', '우리라는 것', '내세의 영혼이라는 것'이 있음에 집착하는 것이니라. 수보리야, 여래가 '나라는 것이 있다'는 것이 곧 '나라는 것이 있음이 아님'을 말하는 것인데, 하지만 일반 사람인 범부들은 '나라는 것이 있음'에 집착하려고 한다. 수보리야, 여래는 '범부라고 하는 것이 곧 '범부가 아님'을 말하였으므로 이를 범부라 부르는 것이니라.』

법신비상분
法 身 非 相 分 第 二十六

수보리야 **어의운하**오
須 菩 提　　於 意 云 何

가이삼십이상으로 **관여래부**아. **수보리언**하되
可 以 三 十 二 相　　　觀 如 來 不　　　須 菩 提 言

여시여시니이다 **이삼십이상**으로 **관여래**이니다.
如 是 如 是　　　　以 三 十 二 相　　　觀 如 來

불언하시되 **수보리**야 **약이삼십이상**으로 **관여래자**라면
佛 言　　　　須 菩 提　若 以 三 十 二 相　　　觀 如 來 者

전륜성왕도 **즉시여래**이냐. **수보리 백불언**하되 **세존**이시여
轉 輪 聖 王　　即 時 如 來　　　須 菩 提 白 佛 言　　　世 尊

여아해불소설의로는 **불응이삼십이상**으로 **관여래**니이다.
如 我 解 佛 所 說 義　　　不 應 以 三 十 二 相　　　觀 如 來

이시에 **세존**이 **이설게언**하시되,
爾 時　　世 尊　　而 說 偈 言

약이색견아커나　　　　　**이음성구아**하면
若 以 色 見 我　　　　　　以 音 聲 求 我

시인행사도라　　　　　　**불능견여래**하리라.
是 人 行 邪 道　　　　　　不 能 見 如 來

제 26. 여래의 법신은 상이 아니다

『수보리야, 너는 어떻게 생각하느냐. 32가지 신체적 특징을 갖춘 상을 여래라고 볼 수 있는가?』 수보리가 여쭈었다. 『그렇습니다, 그렇습니다. 32가지 신체적 특징을 갖춘 상을 여래라고 볼 수 있습니다.』 부처님께서 말씀하셨다. 『수보리야, 만일 32가지 특징을 갖춘 상을 여래라고 볼 수 있다고 하면 전륜성왕도 곧 여래라고 하겠구나!』 수보리가 다시 부처님께 여쭈었다. 『세존이시여, 부처님께서 말씀하시는 뜻을 제가 이해하기로는 32가지 특징을 갖춘 상을 가지고 여래다 하며 뵐 수 없습니다.』 그때 세존께서 게송으로 말씀하셨다.

"겉모양 형색으로 나를 보거나 음성으로 나를 찾으려 하면

이 사람은 삿된 도를 행하는 자라 끝끝내 여래를 볼 수 없으리라."

범본에는 추가로 *법으로 부처를 보아야 한다. 참으로 스승은 법의 몸이기 때문이다.
법성은 알려지는 것이 아니다. 그것은 능히 알 수 없는 것이다.

무단무결분

無 斷 無 滅 分 第 二十七

수보리야 **여약작시념**하되
須 菩 提　汝 若 作 是 念

여래 불이구족상고로 **득아뇩다라삼먁삼보리**아
如 來　不 以 具 足 相 故　得 阿 耨 多 羅 三 藐 三 菩 提

수보리야 **막작시념**하라 **여래 불이구족상고**로
須 菩 提　莫 作 是 念　如 來　不 以 具 足 相 故

득아뇩다라삼먁삼보리니라.
得 阿 耨 多 羅 三 藐 三 菩 提

수보리야 **여약작시념**하되
須 菩 提　汝 若 作 是 念

발아뇩다라삼먁삼보리심자는
發 阿 耨 多 羅 三 藐 三 菩 提 心 者

설제법단멸라 **막작시념**하라
說 諸 法 斷 滅　莫 作 是 念

하이고 발아뇩다라삼먁삼보리심자는
何 以 故　發 阿 耨 多 羅 三 藐 三 菩 提 心 者

어법에 **불설단멸상**하니라.
於 法　不 說 斷 滅 相

제 27. 단멸상을 버려라

『수보리야, 네가 볼 때 「여래가 신체적 특징의 상을 원만하게 갖추지 않았기 때문에 위없이 높고 바른 깨달음인 아뇩다라삼먁삼보리를 얻었다」라고 생각하는가? 수보리야, 「여래가 신체적 특징의 상을 갖추지 않았기 때문에 위없이 높고 바른 깨달음을 얻은 것이다」라는 생각을 하지 말라.

수보리야, 네가 볼 때 「위없이 높고 바른 깨달음인 아뇩다라삼먁삼보리의 마음을 일으킨 자는 일체의 모든 법이 스스로 끊어져 아주 없는 상태를 가리킨다」고 생각한다면, 그런 생각을 하지 말라. 왜냐하면, 아뇩다라삼먁삼보리의 마음을 일으킨 사람은 어떠한 법에서도 단멸상[33]이 있다고 말하지 않기 때문이니라.』

---

33) 단멸상: 스스로 모든 번뇌, 망상, 사심, 잡념을 끊어 멸했다고 생각하며 집착하는 관념.

불수불탐분
不 受 不 貪 分　第 二十八

수보리야 **약보살**이 **이만항하사등세계칠보**로
須 菩 提　　若 菩 薩　　以 滿 恒 河 沙 等 世 界 七 寶

지용보시하고 **약부유인**이 **지일체법무아**하며
持 用 布 施　　若 復 有 人　　知 一 切 法 無 我

득성어인하면 **차보살**이 **승전보살**의 **소득공덕**이니라.
得 成 於 忍　　此 菩 薩　　勝 前 菩 薩　　所 得 功 德

하이고 수보리야 **이제보살**은 **불수복덕고**이니라.
何 以 故　須 菩 提　　以 諸 菩 薩　　不 受 福 德 故

수보리 백불언하되 **세존**이시여 **운하보살**이 **불수복덕**이니까.
須 菩 提　白 佛 言　　世 尊　　云 何 菩 薩　　不 受 福 德

수보리야 **보살**의 **소작복덕**은 **불응탐착**이므로
須 菩 提　　菩 薩　　所 作 福 德　　不 應 貪 着

시고로 **설불수복덕**이니라.
是 故　　說 不 受 福 德

제28. 복덕을 받기도 탐하지도 않는다

『수보리야, 어떤 보살이 항하의 모래 수만큼 많은 세계에 칠보를 가득히 채워 보시한다 하고, 또 다른 어떤 사람이 일체법에 '내가 없다'는 무아임을 깨달아 인욕[34]을 성취한다고 하자. 이 보살이 얻은 공덕은 앞서 칠보를 보시한 보살의 공덕보다 더 뛰어나리라. 왜냐하면 수보리야, 모든 보살들은 복덕을 받아 누리지 않기 때문이다.』

수보리가 부처님께 여쭈었다. 『세존이시여, 어찌하여 보살이 복덕을 받아 누리지 않습니까?』 『수보리야, 보살들은 자기가 지은 복덕에 탐을 내거나 집착하지 않아야 한다. 그래서 보살은 복덕을 받아 누리지 않는다고 말하는 것이니라.』

34) 인욕: 어려운 것을 참아내며 남이 하기 힘든 선행을 하는 것, 6바라밀 중 한 가지.

위의적정분
威 儀 寂 靜 分　第 二十九

수보리야 **약유인**이 **언**하되
須 菩 提　　若 有 人　　言

여래 약래약거하며 **약좌약와**라 하면
如 來　若 來 若 去　　　若 坐 若 臥

시인은 **불해아 소설의**이니
是 人　　不 解 我　所 說 義

하이고 여래자는 **무소종래**며 **역무소거**일새
何 以 故　如 來 者　　無 所 從 來　　亦 無 所 去

고명여래하니라.
故 名 如 來

제29. 오고 감이 없는 여래

『수보리야, 만일 어떤 사람이 「여래는 오기도 하고 가기도 하며 앉기도 하고 눕기도 한다」라고 말한다면, 이 사람은 내가 말한 뜻을 이해하지 못한 것이니라. 무슨 까닭이냐 하면, 여래라 함은 어디로부터 오는 바도 없고 가는 바도 없으므로 여래라고 부르기 때문이니라.』

일합이상분
一 合 理 相 分　第 三十

수보리야 **약선남자선여인**이
須 菩 提　　若 善 男 子 善 女 人

이삼천대천세계를 **쇄위미진**하면 **어의운하**오
以 三 千 大 千 世 界　　碎 爲 微 塵　　　於 意 云 何

시미진중이 **영위다부**아.
是 微 塵 衆　　寧 爲 多 不

수보리언하되 **심다**니다 **세존**이시여
須 菩 提 言　　　甚 多　　　世 尊

하이고 약시미진중이 **실유자**라면
何 以 故　若 是 微 塵 衆　　實 有 者

불즉불설 시미진중이니 **소이자하**오
佛 卽 不 說　是 微 塵 衆　　　所 以 者 何

불설 미진중은 **즉비미진중**일새 **시명미진중**이니다.
佛 說 微 塵 衆　　卽 非 微 塵 衆　　　是 名 微 塵 衆

세존이시여 **여래소설 삼천대천세계**는
世 尊　　　如 來 所 說　三 千 大 千 世 界

즉비세계일새 **시명세계**라하나니
卽 非 世 界　　　是 名 世 界

제30. 중생이 사는 세계의 참모습, 일합상

『수보리야, 만일 선남자 선여인이 삼천대천세계를 부수어서 가는 티끌로 만들었다면 너는 어떻게 생각하는가? 이러한 티끌들은 많지 않겠는가?』 수보리가 말씀드렸다.

『매우 많습니다, 세존이시여! 왜냐하면 만약 이 가는 티끌이 본질적으로 영원히 존재하는 것이라면, 부처님께서는 이것을 '티끌들'이라고 말씀하지 않으셨을 것이기 때문입니다. 왜냐하면, 부처님께서 '티끌들'이라는 것이 곧 '티끌이 아님'을 설명하셨으므로 이것을 '티끌들'이라고 부릅니다.

세존이시여, 또한 여래께서 말씀하신 삼천대천세계도 곧 '세계 아님'을 말하므로 이를 세계라고 부르나이다.

하이고 약세계가 **실유자**라면 **즉시 일합상**이니
何 以 故　若 世 界　　實 有 者　　卽 是 一 合 相

여래설일합상은 **즉비일합상**이며 **시명일합상**이니다.
如 來 說 一 合 相　　卽 非 一 合 相　　是 名 一 合 相

수보리야 **일합상자**는 **즉시불가설**이나
須 菩 提　　一 合 相 者　　卽 是 不 可 說

단범부지인이 **탐착기사**하니라.
但 凡 夫 之 人　　貪 着 其 事

왜냐하면, 만일 세계가 본질적으로 영원히 존재한다면 이것은 한 덩어리로 뭉쳐 보여 하나의 절대적 모양인 일합상이 되겠지만, 여래께서 하나의 모양인 '일합상'이 곧 절대적 존재인 '일합상이 아님'[35]임을 설명하셨으므로 이를 '일합상'이라고 부르나이다.』

『수보리야, '일합상'이라는 것은 쉽게 말로 설명할 수 없는 것인데 다만 범부 중생들이 그것을 탐내고 집착할 따름이다.』

35) 일합상: 여래 自性의 상. 地水火風空으로 생성된 우주. 티끌이란 먼지가 물질세계의 분자·전자·원자핵으로 영원히 존재한다면 세상에 먼지가 있다고 말할 수가 없다. 이 먼지들이 누적되면 대지와 산, 강으로 변해 물질세계가 되고, 최후에는 또한 空이 된다. 왜냐하면 相이 있는 모든 것은 스스로의 자성이 없기 때문에 변하는 것이 이치이다(약화생). 그래서 근본적으로 먼지는 존재하지 않기 때문에 일체는 모두 空으로부터 형성된 것이다. 이 삼천대천세계라는 것도 역시 假名으로서 우연히 잠시 존재하는 것이다. 실제로 영원히 존재하는 것은 없다. 현재의 인류문명인 일합상 역시 변하며 현겁 이후에 소멸된다. 중생에게 일합상의 세계가 존재하더라도 수천억 년 이후는 空이 되고, 그 후 다시 空에서 형상으로 변할 것이다. 法輪.

지견불생분
知見不生分　第三十一

수보리야 **약인**이 **언**하되
須菩提　若人　言

불설　아견인견중생견수자견이라하면
佛說　我見人見衆生見壽者見

수보리야 **어의운하**오 **시인**이 **해아소설의부**아.
須菩提　於意云何　是人　解我所說義不

불야니다 **세존**이시여 **시인**이 **불해여래소설의**이니
不也　世尊　是人　不解如來所說義

하이고 세존하 **설아견인견중생견수자견**은
何以故　世尊　說我見人見衆生見壽者見

즉비아견인견중생견수자견이며
即非我見人見衆生見壽者見

시명아견인견중생견수자견이니다.
是名我見人見衆生見壽者見

수보리야 **발아뇩다라삼먁삼보리심자**는
須菩提　發阿耨多羅三藐三菩提心者

어일체법에 **응여시지**하며 **여시견**하며
於一切法　應如是知　如是見

제31. 내지 않아야 할 지식과 견해

『수보리야, 어떤 사람이 「여래가 나에 집착하는 견해, 너희에 집착하는 견해, 중생에 집착하는 견해, 내세에 집착하는 견해인 아상 인상 중생상 수자상에 대한 견해를 설명하였다」고 말한다면 수보리야, 너는 어떻게 생각하는가? 이 사람은 내가 설명하고자 하는 바의 뜻을 이해하였다고 하겠는가?』『아니옵니다. 세존이시여, 그 사람은 여래께서 설명하는 바의 뜻을 이해 못한 것입니다. 왜냐하면 세존께서 '나라는, 너희라는, 우리라는, 내세의 영혼이라는 것에 대한 견해'가 곧 '나라는, 너희라는, 우리라는, 내세의 영혼이라는 것에 대한 견해 아님'을 설명하셨으므로 이것을 '나라는, 너희라는, 우리라는, 내세의 영혼이라는 것에 대한 견해'라고 부르는 것입니다.』『수보리야, 아뇩다라삼먁삼보리의 마음을 일으킨 사람은 일체법에 대하여 응당 이와 같이 알고 이와 같이 보며 이와

여시신해하여 **불생법상**이니
如是信解　　不生法相

수보리야 **소언법상자**는 **여래설즉비법상**이며
須菩提　　所言法相者　　如來說卽非法相

시명법상이니라.
是名法相

같이 믿고 깨달아서, 가르침과 믿음을 분별하려는 법이라는 관념의 상을 만들지 않아야 한다. 수보리야, 소위 '법이라는 관념의 상'이라고 말하는 것도 여래가 '법이라는 관념의 상이 아님'을 설명하였으므로 이를 '법이라는 관념의 상'이라고 부를 뿐이니라.』

응화비진분
應化非眞分 第 三十二

수보리야 **약유인**이
須菩提　若有人

이만무량아승지 세계칠보로 **지용보시**어든
以滿無量阿僧祇 世界七寶　持用布施

약유선남자선여인의 **발보살심자**가 **지어차경**하고
若有善男子善女人　發菩薩心者　持於此經

내지사구게등을 **수지독송**하여
乃至四句偈等　受持讀誦

위인연설하면 **기복**이 **승피**하니라.
爲人演說　其福　勝彼

운하 위인연설이닛고
云何　爲人演說

불취어상하야 **여여부동**이니 **하이고**
不取於相　如如不動　何以故

일체유위법이 **여몽환포영**이며
一切有爲法　如夢幻泡影

역로역여전이니 **응작여시관**하라.
如露亦如電　應作如是觀

제32. 관념을 떠나 교화하라

『수보리야. 만약 어떤 사람이 한량없는 아승기 세계에 칠보를 가득히 채워
보시한다고 하고, 또 보살의 마음을 일으킨 어떤 선남자 선여인이 이 경을
지니고 혹은 4구절의 게송이라도 받아 지니고 읽고 외워 다른 사람을 위해
말해 준다면 그 복은 칠보로 보시한 저 복보다도 더 뛰어나니라. 어떻게 남을
위하여 말해 줄 것인가? 설명해 준다는 관념의 상에 집착하지 말고 항상 변함없고
흔들림 없이 설명을 하느니라. 왜냐하면, 인연에 따라 발생하는 모든 현상의
유위법36)은 꿈과 허깨비와 물거품과 그림자와 같으며 이슬과 번개 같으리니,
그대들은 응당 이렇게 관조할지니라.』

불설시경이하시니 **장로 수보리**와
佛說是經已　　　長老 須菩提

급제 비구 비구니와 **우바새 우바이**와
及諸 比丘 比丘尼　優婆塞 優婆尼

일체세간의 **천인 아수라**가
一切世間　天人 阿修羅

문불소설하고 **개대환희**하야 **신수봉행**하니라.
聞佛所說　　皆大歡喜　　信受奉行

부처님께서 이 경을 말씀하심을 마치시니, 이때 장로 수보리와 여러 비구 비구니와 우바새 우바이와 모든 세상의 하늘 신, 인간, 아수라들이 부처님의 말씀하심을 듣고 모두들 매우 기뻐하며 말씀을 믿고 지녀 시키는 대로 받들어 행하였다.

---

36) **유위법**: 행함이 있는 법, 어떤 행위를 했다면 자취의 相이 남아있는 상태. 유위는 현상이므로 원인·조건 등의 변화에 따라 끊임없이 변화한다(有爲轉變). 이를 오온의 성취를 위하여 전념하는 인간생활의 실제 모습이라고 보며, 인연으로 만들어진 현상은 실체가 아니고 영원히 머무르지 않는 허상이므로 집착을 소멸시켜야 한다. 주요한 有爲는 물질과 마음, 물질도 마음도 소멸하는 것의 3가지라 하여 三有爲라고 한다. 특히 마음에 대해서는 기쁨·분노·탐욕·분별·의식·절망적인 생각 등 72개로 세분하였다. 또 모든 유위는 반드시 生·住·離·滅 하는데, 이 생·주·이·멸의 모습을 유위 4相이라고 한다. 유위에 대립하는 개념은 無爲인데 그것은 常住不變의 존재를 가리킨다. 마음 근본은 본래 성품이 고요하고, 텅 비어 움직이지 않고, 만상을 밝게 비추어 물들지 않는 성질을 갖추고 있음을 깨달으면, 깨닫는 그 자리에서 나오는 법이 모두 무위법이 된다. 모든 유위는 無常하기에 우리의 인생과 실체의 법이 如如함을 깨달아야 한다.

금강반야바라밀경찬
金 剛 般 若 波 羅 密 經 纂

여시아문 선남자 선여인 수지독송 차경찬일권
女是我聞 善男子 善女人 受持讀誦 此經纂一卷

여전금강경 삼십만편 우득신명가피 중성제휴
如轉金剛經 三十萬遍 又得神明加被 衆聖提携

국건대력칠년 비산현령 유씨여자연
國建大曆七年 昆山懸令 劉氏女子年

일십구세신망 지칠일 득견염라대왕 문왈 일생
一十九歲身亡 至七日 得見閻羅大王 問曰 一生

이래 작하인연 여자 답왈 일생이래
已來 作何因緣 女子 答曰 一生已來

편지득금강경 우문왈 하불념금강경찬 여자
偏持得金剛經 又問曰 何不念金剛經纂 女子

답왈 연세상무본 왕왈 방여환활 분명기취경문
答曰 緣世上無本 王曰 放汝還活 分明記取經聞

종 여시아문 지신수봉행 도계 오천일백사십
從 如是我聞 至信受奉行 都計 五千一百四十

구자 육십구불 오십일세존 팔십오여래
九字 六十九佛 五十一世尊 八十五如來

금강반야바라밀경찬 공덕

이와 같이 내가 들었다. 선남자 선여인이 이 금강경찬 한 권을 지니어 독송하면 금강경 삼십만 번을 독송한 것과 같으며 또한 신령한 가피와 성중들의 이끌어 구해주심을 입는다. 당나라 대력 칠년에 비산현 현령 유씨의 딸이 열아홉 살에 죽어 칠일째 되던 날 염라대왕을 만났는데 염라대왕이 물었다. "세상에서 일생동안 특별히 한 일이 있느냐." 여자가 대답하길, "일생동안 오로지 금강경을 독송했습니다." 다시 묻길, "어찌하여 금강경찬을 염송치 않았느냐?" 여자가 대답하길, "세상에는 그런 경분이 없기 때문입니다." 염라대왕이 말하길, "너를 인간세상에 내보낼 것이니 이 경문을 분명히 기억해 두도록 하라. 금강경은 '이와 같이 내가 들었다'부터 '믿고 지니어 받들어 행하였다'에 이르기까지 모두 오천일백마흔아홉 자이다. 그 가운데 불이 69번, 세존이 51번, 여래가 85번, 보살이 37번, 수보리가

삼십칠보살 일백삼십팔수보리 이십륙선남자
三十七菩薩 一百三十八須菩提 二十六善男子

선여인 삼십팔하이고 삼십륙중생 삼십일
善女人 三十八何以故 三十六衆生 三十日

어의운하 삼십여시 이십구아뇩다라삼먁삼보리
於意云何 三十如是 二十九阿耨多羅三藐三菩提

이십일보시 십팔복덕 일십삼항하사 십이미진
二十一布施 十八福德 日十三恒河沙 十二微塵

칠개삼천대천세계 칠개삼십이상 팔공덕 팔장엄
七箇三千大千世界 七箇三十二相 八功德 八莊嚴

오바라밀 사수다원 사사다함 사아나함
五波羅蜜 四須陀洹 四斯陀含 四阿那含

사아라한 차시 사과선인 여아석위가리왕
四阿羅漢 此是 四果僊人 如我昔爲歌利王

할절신체 여아왕석 절절지해시 약유아상 인상
割截身體 如我往昔 節節支解時 若有我相 人相

중생상 수자상 일일무아견 인견 중생견 수자견
衆生相 壽子相 一一無我見 人見 衆生見 壽子見

삼비구니 수내 칠사구게 마하반야바라밀
三比丘尼 數內 七四句偈 摩訶般若波羅蜜

1백38번, 선남자 선여인이 26번, 하이고가 38번, 중생이 36번, 어의운하가 31번, 여시가 30번, 아뇩다라삼먁삼보리가 29번, 보시가 21번, 복덕이 18번, 항하사가 13번, 미진이 12번, 삼천대천세계가 7번, 삼십이상이 7번, 공덕이 8번, 장엄이 8번, 바라밀이 5번, 수다원이 4번, 사다함이 4번, 아나함이 4번, 아라한이 4번 나온다. 이것이 곧 4과위의 선인이니 그것은 "내가 아득히 먼 옛날 가리왕에게 몸이 갈갈이 찢길 때…"를 가리킨다. 왜냐하면 내가 아득한 그 옛날 몸이 마디마디를 찢길 때에 만일 '나다' '남이다' '중생이다' '내세에도 그럴 것이다'라는 생각이 있었다면, 응당 성내고 원망하는 마음을 내었을 것이니라. 아라한 성자는 한 생각 단 한번도 '나라는 관념', '남이라는 관념', '중생이라는 관념', '내세에도 그럴 것이라는 관념'이 없다고 하셨느니라. 또한 비구니가 3번 4구게가 7번 나오느니라.

예 불 문
禮 佛 文

오분향례
五 分 香 禮

계향 정향 혜향 해탈향 해탈지견향
戒 香 定 香 慧 香 解 脫 香 解 脫 知 見 香

광명운대 주변법계 공양시방 무량불법승
光 明 雲 臺 周 邊 法 界 供 養 十 方 無 量 佛 法 僧

헌향진언
獻 香 眞 言

『옴 바아라 도비야 훔』 (세번)

예불문

【다섯 가지 향으로 예를 올림】

계향 정향 혜향 해탈향 해탈지견향의 향을 피워 광명 구름 온 누리에 가득히 하고 열 가지 방위와 과거 현재 미래에 헤아릴 수 없이 많은 불법승 삼보님께 공양 올리옵니다.

【향을 피워 올리는 진언】

「옴 바아라 도비야 훔」 (세번)

지심귀명례 삼계도사 사생자부 시아본사
至心歸命禮 三界導師 四生慈父 是我本師

석가모니불 (절)
釋迦牟尼佛

지심귀명례 시방삼세 제망찰해 상주일체
至心歸命禮 十方三世 帝網刹海 常住一切

불타야중 (절)
佛陀耶衆

지심귀명례 시방삼세 제망찰해 상주일체
至心歸命禮 十方三世 帝網刹海 常住一切

달마야중 (절)
達摩耶衆

지심귀명례 대지문수사리보살
至心歸命禮 大智文殊舍利菩薩

대행보현보살 대비관세음보살
大行菩賢菩薩 大悲觀世音菩薩

대원본존지장보살 제존보살마하살 (절)
大願本尊地藏菩薩 諸尊菩薩摩訶薩

삼계의 길잡이이시고 사생의 자부이시며, 우리의 스승이신 석가모니 부처님께 지극한 마음으로 귀의하고 예배를 드리옵니다.

시방세계와 제석천에 있는 겹겹이 겹친 하늘 그물망에 층층이 바다같이 보이는 땅의 바다에 항상 계시는 모든 부처님께 지극한 마음으로 귀의하고 예배를 드리옵니다.

시방세계와 제망찰해에 항상 계시는 부처님의 가르침에 지극한 마음으로 귀의하고 예배드립니다.

대지혜의 문수보살님, 대행원의 보현보살님, 대자비의 관세음보살님, 대서원의 본존이신 지장보살님과 모든 존경하는 큰 보살님들께 지극한 마음으로 귀의하고 예배드리옵니다.

지심귀명례 영산당시 수불부촉
至心歸命禮 靈山當時 受佛附屬

십대제자십육성 오백성독수성 내지
十大弟子十六聖 五百聖獨修聖 乃至

천이백제대아라한 무량자비성중 (절)
千二百諸大阿羅漢 無量慈悲聖衆

지심귀명례 서건동진 급아해동 역대전등
至心歸命禮 西乾東晉 及我海東 歷代傳燈

제대조사 천하종사 일체 미진수
諸大祖師 天下宗師 一切 微塵數

제대선지식 (절)
諸大善知識

지심귀명례 시방삼세 제망찰해 상주일체
至心歸命禮 十方三世 帝網刹海 常住一切

승가야중 (절)
僧伽耶衆

유원무진삼보 대자대비 수아정례 명훈가피력
唯願無盡三寶 大慈大悲 受我頂禮 冥熏加被力

원공법계제중생 자타일시성불도 (반절)
願共法界諸衆生 自他一時成佛道

영산 법회 당시에 부처님의 부촉을 받으신 십대 제자와 십육 성현과 오백 성현과 독수 성현과 내지 일천이백 모든 큰 아라한과 헤아릴 수 없는 자비의 성현님들께 지극한 마음으로 귀의하고 예배를 드리옵니다.

인도와 중국 및 우리 한국에서 역대로 불법을 전하신 모든 큰 조사님, 천하의 종사님과 헤아릴 수 없는 모든 선지식님께 지극한 마음으로 귀의하고 예배드리옵니다.

시방삼세와 제망찰해에 항상 계신 모든 승가께 지극한 마음으로 귀의하고 예배드리옵니다.

오직 바라옵나니, 다함이 없는 삼보님이시여, 대자대비로 저희의 정례를 받으시고 가피력을 내리시어, 온 누리의 모든 중생 함께 불도를 이루게 하옵소서.

＊정례: 마음을 비워 크게 몸을 엎드리고 머리를 숙이어 부처님께 올리는 큰절.

마하반야바라밀다심경
摩訶般若波羅密多心經

관자재보살 행심반야바라밀다시 조견오온개공
觀自在菩薩 行深般若波羅蜜多時 照見五蘊皆空

도일체고액 사리자 색불이공 공불이색
度一切苦厄 舍利子 色不異空 空不異色

색즉시공 공즉시색 수상행식 역부여시
色卽是空 空卽是色 受想行識 亦復如是

사리자 시제법공상 불생불멸 불구부정
舍利子 是諸法空相 不生不滅 不垢不淨

부증불감 시고 공중무색 무수상행식
不增不減 是故 空中無色 無受想行識

무안이비설신의 무색성향미촉법 무안계 내지
無眼耳鼻舌身意 無色聲香味觸法 無眼界 乃至

무의식계 무무명 역무무명진 내지
無意識界 無無明 亦無無明盡 乃至

무노사 역무노사진 무고집멸도 무지역무득
無老死 亦無老死盡 無苦集滅道 無智亦無得

관자재보살께서 깊은 반야바라밀다를 행하실 때 오온이 모두 공함을 밝게 비추어 보아 온갖 고통과 재앙을 건지느니라. 사리자여, 물질이 허공과 다르지 않고 허공이 물질과 다르지 아니하니 물질이 곧 허공이며, 허공이 곧 물질이니라. 이는 사람의 느낌, 생각, 행함, 의식도 그러하니라. 사리자여, 이 모든 법의 공한 모습이라는 것은 생겨나거나 멸하지 않으며, 더럽지도 깨끗하지도 않으며, 늘거나 줄지도 않느니라. 그러한 까닭에 공한 가운데에는 물질도 없고, 느낌이나 상상력 분별력 잠재력이 있을 수 없으며, 여섯 가지 감각기관인 눈과 귀와 코 혀 몸과 뜻도 없고, 여섯 가지 감각기관이 가서 닿는 대상인 빛 소리 냄새 맛 닿음 법이 없느니라. 눈이 가서 닿는 경계도 없고 의식할 수 있는 세계도 없으며, 무명도 없고 무명이 다함도 없으며, 죽고 늙음도 없고, 늙고 죽음이 다함도 없느니라. 괴로움과 괴로움의 원인과 괴로움의 없어짐과 괴로움을 없애는

이무소득고 보리살타 의반야바라밀다고
以無所得故 菩提薩陀 依般若波羅蜜多故

심무가애 무가애고 무유공포 원리전도몽상
心無罣哀 無罣哀故 無有恐怖 遠離顚倒夢想

구경열반 삼세제불 의반야바라밀다
究竟涅槃 三世諸佛 依般若波羅蜜多

고득아뇩다라삼먁삼보리 고지 반야바라밀다
故得阿耨多羅三藐三菩提 故知 般若波羅蜜多

시대신주 시대명주 시무상주 시무등등주
是大神呪 是大明呪 是無上呪 是無等等呪

능제일체고 진실불허 고설 반야바라밀다주
能除一切苦 眞實不虛 故說 般若波羅蜜多呪

즉설주왈
卽說呪曰

『아제 아제 바라아제 바라승아제 모지 사바하』
揭諦 揭諦 波羅揭諦 波羅僧揭諦 菩提 娑婆詞

(세번)

길도 없으며, 지혜도 없고, 얻음도 없느니라. 얻을 것이 없는 까닭에 보살들도
이 반야바라밀다를 의지하나니 그러한 까닭에 마음 가운데 걸림이 없고, 걸림이
없으므로 두려움이 있을 수 없고, 뒤바뀐 생각을 멀리 여의고 마침내 열반에
들어가며, 과거 현재 미래의 모든 부처님도 이 반야바라밀다를 의지하므로 가장
높은 깨달음인 아뇩다라삼먁삼보리를 얻느니라. 그러므로 반야바라밀다는 가장
신비스럽고 가장 밝은 주문이며, 가장 높은 주문이며, 무엇과도 견줄 수 없는
주문이어서, 능히 온갖 괴로움을 없애고 진실하여 허망하지 않음을 알아라.
그러므로 반야바라밀다의 주문을 말하노니 주문은 곧 이러하니라. 「아제아제
바라아제 바라승아제 모지 사바하」(세번) (건너라, 건너라. 피안의 언덕을 건너
고통과 집착을 멸하라.)

마하반야바라밀다심경 주요 해석

먼저 제목을 풀어보면, 마하摩訶는 크다는 뜻으로 중생이 집착한 것을 풀어주는 것을 뜻한다. 반야般若의 뜻은 지혜이고, 나다 남이다 하는 경계에 매달리지 말고 마음을 관조하여 본래 내가 없음인 줄 알게 함이다. 바라波羅의 뜻은 신체감각의 상대적인 경계(빛, 소리, 냄새, 맛, 촉감, 분별)에 휘말린 오염의 중생에게 본래 청정함을 깨닫게 함이다. 밀다蜜多란 범부의 망령된 생각으로 법을 구하려는 집착을 부수고 나서 모든 법이 본래 갖추어져 있다 함의 뜻이다. 심경心經은 본래 마음을 모르고 오직 많이 읽고 들어서 이름과 형상을 분별하려는 삿된 견해에 떨어진 중생에게 마음의 근원을 돌이켜 비추어서 본래 텅 비고 고요한 분별없는 큰 도에 가게 하는 것을 말한다.

오온五蘊이란 색色·수受·상想·행行·식識을 말하는 것이다. 정미精微하게 밝아서 눈이 항상 경계를 바라보므로 색色이라 한다. 모든 법을 탐하여 구하고 수행하여 증득함을 바라므로 수受라 한다. 모든 법의 인연에 얽히어 유출流出이 쉬지 않으므로 상想이라 한다. 청정한 계율을 정묘精妙롭게 지켜서 만행萬行을 수행하는 것을 행行이라 한다. 여러 가지를 분별하여 법을 따라 유전流轉하는 것을 식識이라 한다. 이 다섯 가지 법의 장애를 입어 깨닫지 못하므로 온蘊이라 한다. 삼계에 벗어나지 못하고 윤회가 멈추지 않으므로 이름하여 고액苦厄이라 한다. 보살이 자기의 마음 근원이 본래 청정한 줄 살피니 앞의 다섯 가지의 법이 생긴 곳이 없고 본래 비고 고요하여 털끝만큼이라도 가히 얻을 것이 없으므로 오온은 이 모두 텅 빈 것으로 비추어 보고 일체의 괴로움을 건넜다. 모든 법이 본래 공하므로 공한 가운데 색을 찾으려 하나 얻을 수 없고, 색이 없으니 찾아도 찾을 수 없어 수상행식(의식작용)도 없다는 말이다. 중생의 지혜가 청정하되 또한 청정함을 얻을 수도 없다. 자기 마음을 돌이켜 비추어 모든 망상을 떠나므로 반야바라밀다를 의지한다고 한다.

『무무명 역무무명진 내지 무노사 역무노사진』은 12인연因緣이며, 삼계三界에 대한 미迷의 인과를 나눈 십이인연은 무명(暗, 무지), 행(行, 움직임의 시작단계),

식(識, 새로운 생을 시작하려는 사고의 순간), 명색(名色, 어머니 뱃속에 들어가 받는 오온인 몸과 마음), 6입(六入, 뱃속에서 안이비설신이 형성되는 시기), 촉(觸, 느낌), 수(受, 감정), 애(愛, 애착심), 취(取, 좋아하는 것을 가짐), 유(有, 소유욕, 내생에 불러올 업을 만드는 과정), 생生과 노사老死를 말한다. 식~수까지를 현재의 5과果, 무명과 행은 현재의 5과를 받게 한 과거의 2인因, 애와 취는 과거 무명의 혹惑이고 유有는 과거 행의 업이며, 이를 현재의 3인因이라 하고 미래에 생노사의 과를 받게 한다. 십이연기에 따르면 괴로움이라는 것은 본래 있는 것이 아니라[無自性], 인연의 가합상[緣起]임을 올바로 알아 거기에 집착하지 않을 것[無執着]을 요구하고 있다. 괴로움에서 벗어나기 위해서는, 그 괴로움이 무엇인지를 바르게 알아야 하며[流轉門], 그 괴로움의 원인을 올바로 알아 소멸[還滅門]시키면 되는 것이다.

구경究竟은 궁극의 의미이며, 과거 현재 미래의 모든 번뇌 망상이 본래 나고 없어지는 것이 없으므로 마침내 열반이 된다고 한다. 설사 법에 조금 구애됨이 있어도 마음 경계가 스스로 공하였으니, 즉 어떤 생각 어떤 집착이든지 완연히 일이 없으니 어찌 거리낌이 있으리오. 해탈의 당체가 의거할 것이 없고 과행果行이 원만하다. 집착하는 것이 없으므로 이름하여 반야바라밀다에 의지하였기 때문에 아뇩다라삼먁삼보리를 얻었다고 한다. 여기서 아阿는 없다는 말이며 뇩다라는 유有요 삼먁三藐은 올바름이요 삼보리三菩提는 위없는 참되고 올바른 도다.

만약 자기 마음이 본래 부처인 줄 깨달으면 이 이름을 아뇩다라삼먁삼보리라고 한다. 마음과 수행이 한 가지로 합치는 이름을 주呪라 한다. 본래 마음이 가이없고 가고 옴에 걸림이 없어 동요하지 않으므로 대신주大神呪라 한다. 마음이 본래 청정하여 담연히 항상 머무르며 법계를 뚜렷이 비추어 다함이 없으므로 대명주大明呪이다. 일체 모든 법이 다 마음에서 나는데 능히 여기에 초월하는 것이 없으므로 이것이 무상주無上呪이다. 마음이 있고 없는 데 속하지 않고 갓과 끝을 측량할 수 없고 능히 비교할 수 없으므로 무등등주無等等呪라 한다. 일체 모든 부처님들이 이 주를 의지하여 마음이 홀로 삼계를 초월하여 윤회를 받지 않기 때문에 능히 모든 고뇌를 없애고 본래 마음을 바로 가르쳐

결정하는 것이 부처요, 수행하여 증득하는 것을 빌리지 않으므로 진실이라 하는 마음이 변함이 없고, 모든 광란과 의혹을 떠나서 탄연히 항상 머무르고 헛되지 않는다.

결정하는 것이 부처요, 수행하여 증득하는 것을 빌리지 않으므로 진실이라 하는 마음이 변함이 없고, 모든 광란과 의혹을 떠나서 탄연히 항상 머무르고 헛되지 않는다.

천 수 경
千 手 經

정구업진언
淨口業眞言

『수리수리 마하수리 수수리 사바하』 (세번)

오방내외안위제신진언
五方內外安慰諸神眞言

『나무 사만다 못다남 옴 도로도로 지미 사바하』
(세번)

개경게
開經偈

무상심심미묘법 백천만겁난조우
無上甚深微妙法 百千萬劫難遭遇

아금문견득수지 원해여래진실의
我今聞見得受持 願解如來眞實義

개법장진언
開法藏眞言

『옴 아라남 아라다』 (세번)

천수경(시방세계 부처님과 관세음보살님께 드리는 자비기도)

【입으로 만든 업을 깨끗이 하는 진언】

「수리 수리 마하수리 수수리 사바하」(세번)

【오방의 선신을 편안히 위하는 진언】

「나무 사만다 못다남 옴 도로도로 지미 사바하」(세번)

【경전을 찬탄하는 게송】

높고 깊은 미묘한 법 백천만겁 지나도록 만나 뵙기 어려워라.

제가 이제 다행히도 보고 듣고 지니오니 부처님의 진실한 뜻 모두 알고자 하나이다.

【법의 창고를 여는 진언】

「옴 아라남 아라다」(세번)

천수천안관자재보살 광대원만무애대비심
千手千眼觀自在菩薩 廣大圓滿無碍大悲心

대다라니 계청
大陀羅尼 啓請

계수관음대비주 稽首觀音大悲呪	원력홍심상호신 願力弘深相好身
천비장엄보호지 千臂莊嚴普護持	천안광명변관조 千眼光明便觀照
진실어중선밀어 眞實語中宣密語	무위심내기비심 無爲心內起悲心
속령만족제희구 速令滿足諸希求	영사멸제제죄업 永使滅除諸罪業
천룡중성동자호 天龍衆聖同慈護	백천삼매돈훈수 百千三昧頓薰修
수지신시광명당 受持身是光明幢	수지심시신통장 受持心是神通藏
세척진로원제해 洗滌塵勞願濟海	초증보리방편문 超證菩提方便門
아금칭송서귀의 我今稱誦誓歸依	소원종심실원만 所願從心悉圓滿

【천수천안 관세음보살님의 광대 원만한 자비심의 다라니를 청함】

관음보살 대비주께 머리 숙여 예경합니다. 자비원력 넓고 깊고 상호 또한 거룩하고, 고뇌 속에 빠진 중생 일천 팔로 거두시며 한량없는 혜안으로 두루두루 밝게 보네. 참된 말씀 그 가운데 비밀한 뜻 보이시고 무위심 가운데에 자비심을 일으키어, 중생들의 온갖 소원이 지체 없이 이뤄지고 중생들의 온갖 죄업 깨끗하게 씻어지다. 천룡팔부 성중들이 자비로써 옹호하고, 한량없는 온갖 삼매 한순간에 깨쳐지며, 이 다라니를 가진 몸은 광명으로 빛나고, 이 다라니를 지닌 마음 신통장으로 빛나네. 모든 번뇌 씻어내고 고통 바다 벗어나서, 깨달음의 방편문을 증득하여 초월하고, 제가 지금 대비주를 지송하며 귀의하니 뜻하는 일 마음대로 원만하게 이루어지이다.

나무대비관세음 　 원아속지일체법
南 無 大 悲 觀 世 音 　 願 我 速 知 一 切 法

나무대비관세음 　 원아조득지혜안
南 無 大 悲 觀 世 音 　 願 我 早 得 智 慧 眼

나무대비관세음 　 원아속도일체중
南 無 大 悲 觀 世 音 　 願 我 速 度 一 切 衆

나무대비관세음 　 원아조득선방편
南 無 大 悲 觀 世 音 　 願 我 早 得 善 方 便

나무대비관세음 　 원아속승반야선
南 無 大 悲 觀 世 音 　 願 我 速 乘 般 若 船

나무대비관세음 　 원아조득월고해
南 無 大 悲 觀 世 音 　 願 我 早 得 越 苦 海

나무대비관세음 　 원아속득계족도
南 無 大 悲 觀 世 音 　 願 我 速 得 戒 足 道

나무대비관세음 　 원아조등원적산
南 無 大 悲 觀 世 音 　 願 我 早 登 圓 寂 山

나무대비관세음 　 원아속회무위사
南 無 大 悲 觀 世 音 　 願 我 速 會 無 爲 舍

나무대비관세음 　 원아조동법성신
南 無 大 悲 觀 世 音 　 願 我 早 同 法 性 身

자비로운 관세음께 지심으로 귀의하오니 원하건대 일체 법을 속히 알게 되어지다.
자비로운 관세음께 지심으로 귀의하오니 원하건대 지혜의 눈 어서 빨리 얻어지다.
자비로운 관세음께 지심으로 귀의하오니 원하건대 일체중생 속히 건져지이다.
자비로운 관세음께 지심으로 귀의하오니 원하건대 좋은 방편 어서 빨리 얻어지다.
자비로운 관세음께 지심으로 귀의하오니 원하건대 지혜의 배에 속히 타게 하여지
다. 자비로운 관세음께 지심으로 귀의하오니 생로병사 고통 바다 빨리 넘게
하여지다. 자비로운 관세음께 지심으로 귀의하오니 원하건대 지계 선정 속히
얻게 하여지다. 자비로운 관세음께 지심으로 귀의하오니 고액 여읜 열반산에
어서 빨리 올라지다. 자비로운 관세음께 지심으로 귀의하오니 편히 쉬는 법회도량
어서 빨리 모여지다. 자비로운 관세음께 지심으로 귀의하오니 법성진리 나타낸
몸 어서 빨리 이루어지다.

아약향도산　도산자최절
我 若 向 刀 山　刀 山 自 摧 折

아약향화탕　화탕자소멸
我 若 向 火 湯　火 湯 自 消 滅

아약향지옥　지옥자고갈
我 若 向 地 獄　地 獄 自 枯 渴

아약향아귀　아귀자포만
我 若 向 我 歸　我 歸 自 飽 滿

아약향수라　악심자조복
我 若 向 修 羅　惡 心 自 調 伏

아약향축생　자득대지혜
我 若 向 蓄 生　自 得 大 智 慧

나무 관세음보살마하살
南 無　觀 世 音 菩 薩 摩 訶 薩

나무 대세지보살마하살
南 無　大 勢 至 菩 薩 摩 訶 薩

나무 천수보살마하살
南 無　千 手 菩 薩 摩 訶 薩

칼산지옥 내가 가면 칼산 저절로 무너지고
화탕지옥 내가 가면 끓는 물이 저절로 말라지며
모든지옥 내가 가면 지옥 저절로 없어지다.
아귀세계 내가 가면 아귀 저절로 배부르고
수라세계 내가 가면 악한 마음 저절로 쉬고
짐승세계 내가 가면 큰 지혜를 모두 얻게 하옵소서.
관세음보살 마하살께 귀의합니다.
대세지보살 마하살께 귀의합니다.
천수보살 마하살께 귀의합니다.

나무 여의륜보살마하살
南無 如意輪菩薩摩訶薩

나무 대륜보살마하살
南無 大輪菩薩摩訶薩

나무 관자재보살마하살
南無 觀自在菩薩摩訶薩

나무 정취보살마하살
南無 正趣菩薩摩訶薩

나무 만월보살마하살
南無 滿月菩薩摩訶薩

나무 수월보살마하살
南無 水月菩薩摩訶薩

나무 군다리보살마하살
南無 軍茶利菩薩摩訶薩

나무 십일면보살마하살
南無 十一面菩薩摩訶薩

나무 제대보살마하살
南無 諸大菩薩摩訶薩

나무 본사아미타불 (세번)
南無 本師阿彌陀佛

여의륜보살 마하살께 귀의합니다.

대륜보살 마하살께 귀의합니다.

관자재보살 마하살께 귀의합니다.

정취보살 마하살께 귀의합니다.

만월보살 마하살께 귀의합니다.

수월보살 마하살께 귀의합니다.

군다리보살 마하살께 귀의합니다.

십일면보살 마하살께 귀의합니다.

모든 보살 마하살께 귀의합니다.

「근본 스승이신 아미타부처님께 귀의합니다.」(세번)

신묘장구대다라니
神妙章句大陀羅尼

나모라 다나다라 야야 나막알약 바로기제 새바라
야 모지사다바야 마하 사다바야 마하가로 니가야
옴 살바 바예수 다라나가라야 다사명
나막가리 다바 이맘 알야 바로기제 새바라 다바
니라간타 나막하리나야 마발다 이사미 살발타 사
다남 수반아예염 살바 보다남 바바말아 미수다감
다냐타 옴 아로계 아로가 마지로가 지가란제
혜혜하례 마하모지 사다바 사마라 사마라 하리나
야 구로구로 갈마 사다야 사다야 도로도로
미연제 마하미연제 다라다라 다린나례
새바라 자라자라 마라 미마라 아마라 몰제
예혜혜 로계 새바라 라아미사미 나사야 나베

삼보에 귀의하옵니다. 관자재보살 마하살 큰 보살 대비존님께 찬탄귀의 하옵니다. 일체의 모든 두려움으로부터 구제하여 주시는 까닭에 어지신 위신력을 나타내시는 목 푸른 관세음보살님께 귀의하옵나이다. 이 주문을 마음속 깊이 열심히 독송하면 이로 인해 성스러운 관세음보살님의 모든 길상한 위신력이 나에게로 출현하길 귀의합니다. 중생들 삶을 청정하고 복된 길로 인도하여 주시는 분이시여, 대자대비하신 광명의 눈으로 중생들 삶의 처지를 보시는 이여. 이 세간 온갖 괴로움과 고통을 초월하도록 행복의 언덕으로 실어 나르시는 위대하신 큰 보살님께 기원하옵고 경배하옵니다. 위대하신 분이시여, 언제나 억념하소서. 저의 마음으로부터 기도하는 주문을 항상 기억하여 주소서. 자비로운 행업이 이루어지고 성취될 수 있도록 보호하소서. 승리자여 대승리자여, 받아 가지고 보존하여 주소서. 대 자유자재하신 위신력을 발동하소서. 저에게로 오소서, 이 세상 모든 중생이 오염으로부터 초월하도록 원만한 모습으로 강림하여 주옵소서. 이 세상을 자유자재하시는 자비왕 관세음보살이시여, 저희들의 탐진치 삼독심을 소멸하여 주옵소서. 중생들의 어리석고 무지한 행동들을 없게 하여 주소서. 취해 가옵소서 거두어 가옵소서. 이 세상의 온갖 잘못된 것을 다 취해 가옵소서.

사미사미 나사야 모하자라 미사미
나사야 호로호로 마라호로 하례 바나마 나바
사라사라 시리시리 소로소로 못쟈못쟈 모다야
모다야 매다리야 니라간타 가마사 날사남 바라 하
리나야 마낙 사바하
싯다야 사바하 마하싯다야 사바하 싯다유예
새바라야 사바하 니라간타야 사바하 바라하
목카싱하 목카야 사바하 바나마 하따야 사바하
자가라 욕다야 사바하
상카섭나네 모다나야 사바하 마하라 구타다라야
사바하 바마사간타 니사 시체다 가릿나 이나야
사바하 먀가라잘마 이바사나야 사바하
『나모라 다나다라 야야 나막알야 바로기제
새바라야 사바하』 (세번)

자비로우신 행운의 신 관세음보살님시여, 이 세상 중생들이 삼독심에서 벗어나 연꽃 피우게
하여 주시길. 큰 깨달음 이루신 부처님과 보살님들께 소망하오니 저희 모두가 깨달아 피안의
언덕에 오르길 소망하옵니다. 자비의 신 목 푸른 관음보살이시여, 중생을 어여삐 여기시어,
바라는 바 모든 소망 성취하여 기쁘게 하여 주소서. 일체의 모든 것이 성취되게 하소서.
사바하. 일체의 모든 원이 신비하게 성취되길 위대하신 님께, 사바하. 모든 것을 자유자재로
성취시켜 주시는 님에게, 사바하. 목 푸른 청정관세음보살님에게, 성취되기를 사바하. 산
돼지 얼굴과 사자의 얼굴을 하고 계신 관세음보살님께, 사바하. 손에 연꽃을 들고 계시는
관세음보살님께, 사바하. 월륜을 손에 들고 모든 악마와 일체의 액난을 물리치시는 관세음보살
님께, 사바하. 큰 음성으로 법을 설하여 깨우쳐 주시는 관세음보살님께, 사바하. 큰 방망이를
가지고 지켜 주시는 관세음보살님께, 사바하. 왼쪽 어깨 위에 검고 울퉁불퉁 모가 난 무서운
무기를 메시고 불법승 삼보와 인연 가진 중생들을 굳게 지켜 주시는 승리존 관세음보살님,
사바하. 호랑이 가죽 옷을 입으신 산신령의 모습을 한 관세음보살님께, 사바하. 불법승 삼보님에
게 귀의하옵나이다. 자비롭고 성스러운 관자재보살님에게 귀의하옵나이다. 「나모라 다나다라
야야 나막 알약 바로기제 새바라야 사바하」(세번)

사방찬
四方讚

일쇄동방결도량	이쇄남방득청량
一灑東方潔道場	二灑南方得淸凉
삼쇄서방구정토	사쇄북방영안강
三灑西方俱淨土	四灑北方永安康

도량찬
道場讚

도량청정무하예	삼보천룡강차지
道場淸淨無瑕穢	三寶天龍降此地
아금지송묘진언	원사자비밀가호
我今持誦妙眞言	願賜慈悲密加護

참회게
懺悔偈

아석소조제악업	개유무시탐진치
我昔所造諸惡業	皆有無始貪瞋癡
종신구의지소생	일체아금개참회
從身口意之所生	一切我今皆懺悔

【사방찬】

동방에 물 뿌리니 온 도량이 깨끗하고 남방에 물 뿌리니 청량함이 얻어지고 서방에 물 뿌리니 극락세계 갖춰지고 북방에 물 뿌리니 영겁토록 평안하다.

【도량찬】

온 도량이 깨끗하여 더러운 것 없사오니 삼보님과 호법 천룡이 이 도량에 내리소서. 제가 지금 묘한 진언 받아 지녀 외우오니 대자비를 베푸시어 저희들을 살피소서.

【참회게】

아득한 과거부터 제가 지은 모든 악업 크고 작은 모든 것이 탐욕과 성냄과 우매함으로 생기었고, 이를 몸과 말과 생각으로 거침없이 지었기에 저는 지금 모든 죄업 참회하고 비나이다.

참제업장십이존불
懺除業障十二尊佛

나무참제업장보승장불
南無懺除業障寶勝藏佛

보광왕화렴조불　일체향화자재력왕불
寶光王火簾照佛　一切香華自在力王佛

백억항하사결정불　진위덕불
百億恒河沙決定佛　振威德佛

금강견강소복괴산불　보광월전묘음존왕불
金綱堅强消伏壞散佛　寶光月殿妙音尊王佛

환희장마니보적불　무진향승왕불
歡喜藏摩尼寶積佛　無盡香勝王佛

사자월불　환희장엄주왕불
獅子月佛　歡喜莊嚴珠王佛

제보당마니승광불
帝寶幢摩尼勝光佛

【오늘 참회 증명하는 열두 분의 부처님】

참제업장보승장불께 귀의합니다.

보광왕화렴조불께 귀의합니다.

일체향화자재력왕불께 귀의합니다.

백억항하사결정불께 귀의합니다.

진위덕불께 귀의합니다.

금강견강소복괴산불께 귀의합니다.

보광월전묘음존왕불께 귀의합니다.

환희장마니보적불께 귀의합니다.

무진향승왕불께 귀의합니다. 사자월불께 귀의합니다.

환희장엄주왕불께 귀의합니다. 제보당마니승광불께 귀의합니다.

십악참회
十惡懺悔

살생중죄금일참회   **투도중죄금일참회**
殺生重罪今日懺悔   偸盜重罪今日懺悔

사음중죄금일참회   **망어중죄금일참회**
邪淫衆罪今日懺悔   妄語衆罪今日懺悔

기어중죄금일참회   **양설중죄금일참회**
綺語衆罪今日懺悔   兩舌衆罪今日懺悔

악구중죄금일참회   **탐애중죄금일참회**
惡口衆罪今日懺悔   貪愛衆罪今日懺悔

진에중죄금일참회   **치암중죄금일참회**
瞋恚衆罪今日懺悔   癡暗衆罪今日懺悔

백겁적집죄   **일념돈탕제**
百劫積集罪   一念頓蕩除

여화분고초   **멸진무유여**
如火焚枯草   滅盡無有餘

죄무자성종심기   **심약멸시죄역망**
罪無自性從心起   心若滅是罪亦忘

죄망심멸양구공   **시즉명위진참회**
罪忘心滅兩俱空   是卽名爲眞懺悔

【열 가지 악한 일을 참회함】

살생으로 지은 죄업 오늘 모두 참회하며, 도둑질로 지은 죄업 오늘 모두 참회하며, 사음으로 지은 죄업 오늘 모두 참회하며, 거짓말로 지은 죄업 오늘 모두 참회하며, 꾸밈말로 지은 죄업 오늘 모두 참회하며, 이간질로 지은 죄업 오늘 모두 참회하며, 험한말로 지은 죄업 오늘 모두 참회하며, 탐욕으로 지은 죄업 오늘 모두 참회하며, 성냄으로 지은 죄업 오늘 모두 참회하며, 어리석어 지은 죄업 오늘 모두 참회하옵니다.

오랜 세월 쌓인 죄업 한 생각에 없어져서 마른풀을 불태운 듯 흔적조차 없어지다. 죄의 본성은 본래 없어 마음 따라 일어난 것이라, 마음 만약 없어지면 죄업 또한 사라지네. 죄도 업도 없어지고 마음 또한 공하여야 이것을 이름하여 진실한 참회라 하는도다.

참회진언
懺悔眞言

『옴 살바 못자모지 사다야 사바하』 (세번)

준제공덕취　적정심상송
准提功德聚　寂靜心常誦

일체제대난　무능침시인
一切諸大難　無能侵是人

천상급인간　수복여불등
天上及人間　受福如佛等

우차여의주　정획무등등
遇此如意珠　定獲無等等

나무 칠구지불모 대준제보살 (세번)
南無　七俱肢佛母　大准提菩薩

정법계진언
淨法界眞言

『옴 남』 (세번)

호신진언
護身眞言

『옴 치림』 (세번)

【죄업을 참회하는 진언】
「옴 살바못자 모지 사다야 사바하」(세번)
준제주의 크신 공덕 일념으로 늘 외우면,
그 어떠한 어려움도 침노하지 못하리니,
하늘이나 사람이나 부처 같이 복 받으며,
이 여의주 얻은 이는 가장 큰 법을 이루리라.
「칠만억 부처님의 어머니이신 대준제 보살님께 귀의합니다.」(세번)

【법계를 맑히는 진언】
「옴— 남」(세번)

【몸을 보호하는 진언】
「옴　치림」(세번)

관세음보살 본심미묘 육자대명왕진언
觀世音菩薩 本心微妙 六字大明王眞言

『옴 마니 반메 훔』 (세번)

준제진언
准提眞言

『나무 사다남 삼먁 삼못다 구치남 다냐타
옴 자례주례 준제 사바하 부림』 (세번)

아금지송대준제　즉발보리광대원
我今持誦大准提　卽發菩提廣大願

원아정혜속원명　원아공덕개성취
願我定慧速圓明　願我功德皆成就

원아승복변장엄　원공중생성불도
願我勝福遍莊嚴　願共衆生成佛道

여래십대발원문
如來十大發願文

원아영리삼악도　원아속단탐진치
願我永離三惡道　願我速斷貪瞋癡

【관세음보살님의 자비심을 지닌 육자 대명왕진언】
「옴 마니 반메 훔」(세번)

【준제관음의 진언】
「나무 사다남 삼먁 삼못다 구치남 다냐타
　옴 자례주례 준제 사바하 부림」(세번)

제가 이제 준제진언 지성으로 외우옵고 크고 넓은 보리심의 광대서원 세우오니,
어서 속히 선정지혜 닦아 뚜렷이 밝아져서 거룩한 모든 공덕 저는 모두 이루옵고,
큰 복으로 이 세상을 저는 두루 장엄하며 한량없는 중생들과 함께 불도 이뤄지소서.

【부처님께 십대발원 세웁니다】
저는 길이 삼악도를 여의기를 원하오며, 저는 속히 탐욕과 분함과 우매함을
어서 끊기 원하오며,

원아상문불법승　　원아근수계정혜
願我常聞佛法僧　　願我勤修戒定慧

원아항수제불학　　원아불퇴보리심
願我恒修諸佛學　　願我不退菩提心

원아결정생안양　　원아속견아미타
願我決定生安養　　願我速見阿彌陀

원아분신변진찰　　원아광도제중생
願我分身遍塵刹　　願我廣度諸衆生

발사홍서원
發四弘誓願

중생무변서원도　　번뇌무진서원단
衆生無遍誓願度　　煩惱無盡誓願斷

법문무량서원학　　불도무상서원성
法門無量誓願學　　佛度無上誓願成

자성중생서원도　　자성번뇌서원단
自性衆生誓願度　　自性煩惱誓願斷

자성법문서원학　　자성불도서원성
自性法門誓願學　　自性佛道誓願成

저는 항상 불법승보 듣기를 원하오며, 저는 널리 계와 정과 혜 닦기를 원하오며, 저는 항상 부처님의 법 배우기를 원하오며, 저는 오래 보리심을 퇴전치 않기를 원하오며, 저는 진정 극락세계 왕생하기 원하오며, 저는 속히 아미타불 만나 뵙기를 원하오며, 저의 분신이 모든 세계 두루하길 원하오며, 저는 널리 모든 중생 제도하길 원하옵니다.

【네 가지 큰 서원을 세웁니다】

가없는 중생을 다 건지리라. 끝없는 번뇌를 다 끊으리라.

한없는 법문을 다 배우리라. 위없는 불도를 다 이루리라.

마음속의 중생부터 맹세코 건지리다. 마음속의 번뇌부터 맹세코 끊으리다.

마음속의 법문부터 맹세코 배우리다. 마음속의 불도부터 맹세코 이루리다.

발원이 귀명례삼보
發願已 歸命禮三寶

나무 상주시방불
南無 常住十方佛

나무 상주시방법
南無 常住十方法

나무 상주시방승 (세번)
南無 常住十方僧

정삼업진언
淨三業眞言

『옴 사바바바 수다살바 달마 사바바바 수도함』
(세번)

개단진언
開壇眞言

『옴 바아라 놔아로 다가다야 삼마야 바라베
사야훔』 (세번)

건단진언
建壇眞言

『옴 난다난다 나지나지 난다바리 사바하』(세번)

【모든 발원 마쳤으니 삼보전에 귀의합니다】
시방세계 항상 계신 부처님께 귀의합니다.
시방세계 항상 있는 불법 가르침에 귀의합니다.
시방세계 항상 계신 대종사님께 귀의합니다.(세번)

【정삼업진언(중생이 몸과 말과 생각으로 짓는 세 가지 업을 맑히는 진언)**】**
「옴 사바바바 수다살바 달마 사바바바 수도함」(세번)

【개단진언(불공과 공양 차릴 단을 여는 데 필요한 진언)**】**
「옴 바아라 놔아로 다가다야 삼마야 바라베 사야훔」(세번)

【건단진언(불공과 공양 차릴 단을 세우는 진언)**】**
「옴 난다난다 나지나지 난다바리 사바하」(세번)

정법계진언
淨 法 界 眞 言

라자색선백 공점이엄지
羅 字 色 鮮 白　空 點 以 嚴 之

여피계명주 치지어정상
如 彼 髻 明 珠　置 之 於 頂 上

진언동법계 무량중죄제
眞 言 同 法 界　無 量 衆 罪 除

일체촉예처 당가차자문
一 切 觸 穢 處　當 加 此 字 門

『나무 사만다 못다남 남』 (세번)

【정법계진언(불공 올리기 전에 자신의 몸과 마음을 깨끗이 하는 진언)】

범어 라자 글자 의미 깨끗하고 선명하여

공점으로 장엄하니 정수리의 보계 명주와

법계 같은 진언의 힘 무량한 중죄 다 없애니

더러운 곳 문에 붙여 이 글자로 일체를 맑게 한다네.

「나무 사만다 못다남 남」 (세번)

삼 보 통 청
三 寶 通 請

보례진언
普 禮 眞 言

아금일신중　즉현무진신
我 今 一 身 中　即 現 無 盡 身

변재삼보전　일일무수례
遍 在 三 寶 前　一 一 無 數 禮

『**옴 바아라 믹**』 (세번)

*거불 앞에 화엄경 약찬게, 십념, 법화경 약찬게를 독송함.

거 불(擧佛)

나무 불타부중광림법회 (절)
南 無　佛 陀 部 衆 光 臨 法 會

나무 달마부중광림법회 (절)
南 無　達 摩 部 衆 光 臨 法 會

나무 승가부중광림법회 (절)
南 無　僧 伽 部 衆 光 臨 法 會

【보례진언(불법승 삼보께 널리 예를 올리는 참 말씀)】
내가 이제 이 한 몸 가운데 곧바로 다함없는 몸을 내어, 시방에 두루 나타내어
화신을 현하신 거룩하신 부처님[佛]과 부처님의 가르침[法]과 그리고 교법대로
수행하는 부처님의 제자 스님[僧]님께 헤아릴 수 없이 많은 예를 올립니다.
「옴 바아라 믹」(세번)

【거불(삼보의 불보살 경전을 청하며 이곳에 참석하심을 간청)】
모든 부처님께 귀의하오니 법회에 광림하옵소서. (절)
모든 법보님께 귀의하오니 법회에 광림하옵소서. (절)
모든 큰스님께 귀의하오니 법회에 광림하옵소서. (절)

*거불은 모든 삼보께서 법회에 오시어 예를 받으시도록 청하는 것으로, 불보살께 불공 올리는 삼귀의이다.
　거불을 마친 법주는 요령을 세 번 울리고, 보소청진언 제목을 외우며 합장정례하고 똑바로 서서 왼손은
심장에 대고 심장을 향하여 요령을 흔들며 진언을 세 번 한다.

보소청진언
普召請眞言

『나무 보보제리 가리다리 다타 아다야』 (세번)

유치
由致

앙유 삼보대성자 종 진정계
仰唯 三寶大聖者 從 眞淨界

흥 대비운비신현신 포 신운 어 삼천세계
興 大悲雲非身現身 布 身雲 於 三千世界

무법설법쇄 법우어팔만진로 개 종종방편지문
無法說法灑 法雨於八萬塵勞 開 種種方便之門

도 망망 사계지중 유구개수 여 공곡지전성
導 茫茫 沙界之衆 有求皆遂 如 空谷之傳聲

무원부종 약 징담지인월 시이사바세계 차사천하
無願不從 若 澄潭之印月 是以娑婆世界 此四天下

남섬부주 해동 대한민국 모도 모시 모사
南贍部州 海東 大韓民國 某道 某市 某寺

청정지도량 원아금차 지극지정성 헌공발원재자
清淨之道場 願我今此 至極之精誠 獻供發願齋者

【삼보님께 공양청을 받아 주실 것을 간청하는 진언】
「나무 보보제리 가리다리 다타 아다야」(세번) *요령은 방울이 한 쪽만 닿게 흔든다

【유치(법회의 시작 연유를 아룀)】
우러러 청하건대, 진여 청정계에서 자비구름으로 피어나신 삼보께서는 나투신
몸이 없건만 신체의 구름으로 삼천대천세계를 덮으시고, 설하신 법이 없건만
법의 비로 팔만사천 번뇌를 씻으시며, 갖가지 방편문을 열어 끝없는 고해의
중생을 이끄시니, 빈 골짝에 메아리가 울려 퍼지듯 모든 것을 소원대로 이루게
하고, 맑은 못에 달그림자 비치듯 이뤄지지 않는 소원이 없사옵니다. 금일 사바세
계 차사천하 남섬부주 해동 대한민국 (주소) 청정한 법당에서 지극한 정성으로
불공 발원하는 재자 청신사 청신녀가 소원을 청하오니 법회에 참여한 신도들이
이번 인연공덕으로 불보삼님의 불가사의한 복력을 받아 천 가지 재앙은 눈처럼

*진언을 하고 나서 법주는 합장하고 목탁 없이 큰 목소리로 유치를 읽는데, 유치는 불공을 올리는 연유를
 아뢰는 의식이고, 이때 불자는 뜻을 음미하며 마음속으로 소원을 기원한다.

청신사 청신녀 참여대중 각각등 보체
淸信士 淸信女 參與大衆 各各等 保體

이차인연공덕 일체고난 영위소멸 사대강건
以此因緣功德 一切苦難 永爲消滅 四大强健

육근청정 안과태평 수명장수 자손창성 복덕구족
六根淸淨 安過太平 壽命長壽 子孫昌盛 福德具足

부귀영화 만사여의 원만형통지대원
富貴榮華 萬事如意 圓滿亨通之大願

나무 일심봉청
南無 一心奉請

이 금월금일 건설법연 정찬공양 제망중중
以 今月今日 虔設法筵 淨饌供養 帝網重重

무진삼보자존 훈근작법 앙기묘원자 우복이
無盡三寶慈尊 薰懃作法 仰祈妙援者 右伏以

설 명향이예청 정옥립 이수재 재체수미 건성가민
爇 茗香以禮請 呈玉粒 而修齋 齋體雖微 虔誠可愍

기회자감 곡조미성 근병일심 선진삼청
冀回慈鑑 曲照微誠 謹秉一心 先陳三請

나무 일심봉청
南無 一心奉請

사라지고, 각기 사대가 강건하고 육근이 청정하며 철석 같이 강건하고, 태산 같은 마음으로 집안일이 태평하고, 산과 같이 가족 수명이 장수하며 자손이 창성하고, 바다 같이 복덕이 넓어지며, 만 가지 복덕은 구름처럼 일어나며, 가족의 부귀 영화와 모든 일이 원만하고, 재수 대통과 신수가 대길하길 소원합니다. 우러러 합장하고 한 마음으로 모아 청하옵니다. 이번 인연공덕으로 소원을 이루고자, 금월 금일 삼가 법연을 마련하고, 조촐한 공양구를 제망중중의 다함없는 삼보 자존께 공양하나이다. 정성을 다하여 법요를 거행하며, 신묘한 가피를 바라고 있는 재자들은 삼가 싱그러운 향을 피워 예로써 청하며, 옥 같은 공양구로 공양하고 재를 마련하였으니, 올리는 공양구 미흡하오나 정성은 간절하오니, 자비의 거울을 돌려 간절한 정성 굽어 비춰 주옵소서.

*유치가 끝나는 '선진삼청' 부분에서 요령을 잡고 세 번 울려주면 된다. 법주가 유치를 하는 동안 바라지는 목탁을 내려 삼배 하고, 불자들도 함께 삼배 하고 목탁에 맞춰 계속 절한다.

청사
請 詞

이 대자비 이위체고 구호중생 이위자량
以 大慈悲 以爲體故 救護衆生 以爲資粮

어제병고 위작양의 어 실도자 시기정로
於 諸病苦 爲作良醫 於 失道者 示其正路

어 암야중 위작광명 어 빈궁자 영득복장
於 闇夜中 爲作光明 於 貧窮者 永得伏藏

평등요익 일체중생 청정법신 비로자나불
平等饒益 一切衆生 淸淨法身 毘盧遮那佛

원만보신 노사나불 천백억화신 석가모니불
圓滿報身 盧舍那佛 千百億化身 釋迦牟尼佛

서방교주 아미타불 당래교주 미륵존불 시방상주
西方敎主 阿彌陀佛 當來敎主 彌勒尊佛 十方常住

진여불보 일승원교 대화엄경 대승실교 묘법화경
眞如佛寶 一乘圓敎 大華嚴經 大乘實敎 妙法華經

삼처전심 격외선전 시방상주 심심법보
三處傳心 格外禪詮 十方常住 甚深法寶

【청사(강림을 청하며 삼보를 밝히는 말씀)**】**

우러러 합장하고 일심으로 세 번 청하옵니다. 대자비로 몸을 삼아 중생을 구호하고
자 자산과 양식이 되옵고, 병들어 고통 받는 자에겐 사랑의 의사가 되옵고,
방황하는 이들에겐 올바른 길을 일러주시고, 어둠 속을 헤매는 자에겐 큰 광명을
주시고, 빈곤한 자에겐 영원한 소망을 주시어 모든 중생들을 두루 충만하게
하시는 청정법신 비로자나 부처님, 원만보신 노사나 부처님, 천백억 번을 화현하신
석가모니 부처님, 극락세계의 도사이신 아미타 부처님, 다음 세상 용화세계에
오실 미륵부처님, 시방에 항상 계시는 진여이신 불보와 일승법의 원만 교법인
대화엄경과 대승의 가르침 묘법연화경과 세 곳에서 마음의 도리를 전하신 격식외
의 선문 등 시방에 항상 계신 깊은 법보와, 지혜 제일 문수사리보살과 만행이
제일 보현보살과, 큰 자비로 보살펴 주시는 관세음보살과, 인간에게 인과법을

*청사는 불보살을 청하는 의식이므로 요령으로 진행한다.

92

대지문수보살 대행보현보살 대비관세음보살
大智文殊菩薩　大行普賢菩薩　大悲觀世音菩薩

대원지장보살 전불심등 가섭존자 유통교해
大願地藏菩薩　傳佛心燈　迦葉尊者　流通敎海

아난존자 시방상주 청정승보 여시삼보 무량무변
阿難尊者　十方常住　淸淨僧寶　如是三寶　無量無邊

일일주변 일일진찰 유원자비 연민유정
一一周徧　一一塵刹　唯願慈悲　憐愍有情

강림도량 수차공양
降臨道場　受此供養

『향화청』 (세번)
香花請

가영
歌詠

불신보변시방중 삼세여래일체동 광대원운항부진
佛身普徧十方中　三世如來一體同　廣大願雲恒不盡

왕양각해묘난궁 고아일심 귀명정례
汪洋覺海渺難窮　故我一心　歸命頂禮

가르치고 천복이 다한 천인과 지옥중생까지 남김없이 복도 제도하길 서원하신 지장보살과 부처님의 마음을 전해 받은 가섭존자와 교법을 전해 퍼뜨리신 아난존자, 시방에 항상 존재하신 청정한 승보와, 한량없고 끝남 없는 티끌세계에 골고루 나타나시는 삼보님을 받들어 청하오니 자비로이 저희를 사랑과 애정으로 여기사 도량에 강림하여 이 공양을 받으시고 널리 굽어 살펴주옵소서. 향과 꽃으로 중생에게 복전이신 삼보를 청하옵니다.

*청사는 유치가 끝나면 요령을 세 번 울리고 나서 상단을 향해 큰절을 올리고 일어서면서 요령을 잡고 흔들면서 청사를 세 번 진행한다. 이때 바라지는 불공 대상에 대한 정근을 하고, '유원' 하는 부분에서 법주가 요령을 한 번 채면 바라지는 목탁을 내려 '향화청'을 세 번 낭독하고 가영을 한다. 청사를 세 번 하는 것은 부처님께서 정각을 이루신 후 열반에 드시려 하자 대범천왕이 중생을 위해 법륜法輪을 굴려주시길 거듭 세 번 청한 것에서 비롯되었다. 이때 다섯 가지 예절을 갖추는데, 첫째 자리에서 일어나고, 둘째 가사를 오른 어깨를 벗어 메고, 셋째 부처님 발 아래에 이마를 대어 절하고, 넷째 무릎을 꿇고 앉아서 합장하고, 다섯째 정중하게 말씀드린다.

항마진언
降魔眞言

『옴 소마니 소마니 훔 하리한나 하리한나 훔 하리한
나 바나야 훔 아나야혹 바아밤 바아라 훔 바탁』 (세번)

*항마진언은 예적대원만다라니 금강심진언과 같이 신중청의 공양진언시 함.

파지옥진언
破地獄眞言

『나모 아따 시지남 삼먁 삼못다 구치남
옴 아자나 바바시 지리지리 훔』 (세번)

불설소재길상 다라니
佛說消災吉祥 陀羅尼

『나모 사만다 못다남 아바라지 하다사 사나남
다냐타 옴 카 카 카혜 카혜 훔 훔 아바라 아바라
바라아바라 바라아바라 지따 지따 지리 지리 빠다
빠다 선지가 시리예 사바하』 (세번)

*십념을 독송함

【가영(부처님을 노래로 맞아들임)】
부처님은 시방세계 두루하시니, 삼세 여래 동일한 한 몸이시네.
중생을 구제하는 광대한 서원과, 넓디넓은 깨달음은 한량없어라.
저희들은 일심으로 절합니다.   *가영은 목탁으로 집전

【항마진언(마군의 항복을 간청하는 진언)】
「옴 소마니 소마니 훔 하리한나 하리한나 훔 하리한나 바나야 훔
 아나야혹 바아밤 바아라 훔 바탁」 (세번)

【파지옥진언(지옥을 파하는 진언)】 (세번)
「나모 아따 시지남 삼막삼못다 구치남 옴 아자나 바바시 지리지리 훔」 (세번)

【불설소재길상 다라니】
「나모 사만다 못다남 아바라지 하다사 사나남 다냐타 옴
 카카카혜카혜 훔훔 아바라 아바라 바라아바라 바라아바라
 지따지따 지리 지리 빠다빠다 선지가 시리예 사바하」 (세번)

헌좌진언
獻 座 眞 言

묘보리좌승장엄 제불좌이성정각
妙 菩 提 座 勝 莊 嚴　諸 佛 坐 而 成 正 覺

아금헌좌역여시 자타일시성불도
我 今 獻 座 亦 如 是　自 他 一 時 成 佛 道

『옴 바아라 미나야 사바하』(세번)

욕건만나라선송
欲 建 曼 拏 羅 先 誦

정법계진언
淨 法 界 眞 言

『옴 남』(세번)

다게
茶 偈

공양시방조어사 연양청정미묘법 삼승사과해탈승
供 養 十 方 調 御 士　演 揚 淸 淨 微 妙 法　三 乘 四 果 解 脫 僧

『원수애납수 원수자비애납수』(세번)(절)
願 垂 哀 納 受　願 垂 慈 悲 哀 納 受

【헌좌진언(자리를 권해드리는 참 말씀)】

묘한 깨달음의 자리 뛰어나게 장엄하사, 모든 부처님께서 앉으셔서 정각을 이루셨네. 제가 드리는 이 자리 또한 그와 같사오니 나와 남이 함께 같이 성불하여지이다. 「옴 바아라 미나야 사바하」(세번)

【욕건만다라선송(법계를 깨끗이 하는 참말씀), 본문으로 들어가는 첫 순서】

정법계진언 「옴 남」(세번)

*옴 남(람)의 람(lam)은 불꽃을 의미, 물질세계 地水火風空의 화에 쏘한 이치를 더한 의미. 욕건은 '만다라' 공양 올리기 위한 단을 세우려면 정법계진언을 먼저 외우라는 뜻. 전생 현생에 알게 모르게 지은 수많은 죄업을 맑히고 법계를 깨끗이 함.

*바라지가 목탁을 한번 내려놓고 반듯히 선 자세로 삼보전을 올려 보며 큰 목소리로 '욕건'만나라 선송 정법계진언 하고 나서 목탁을 서서히 내리며 '옴 람' 한다. 이때 종두는 마지종을 친다.

【차를 올리는 노래】 *법주가 목탁으로 정례

시방삼세 부처님과 청정한 진리 펴내시는 미묘한 법, 수많은 성문·연각·보살님·수다원·사다함·아나함·아라한과로 해탈하신 스님께 공양하오니, 「자비로이 거두어 주옵시고 어여쁘게 여기시어 받으시옵소서.」(세번)(절)

진언권공
眞言 勸供

향수나열 재자건성 욕구공양지주원 수장가지지
香羞羅列　齋者虔誠　欲求供養之周圓　須仗加持之

변화 앙유삼보 특사가지
變化　仰唯三寶　特賜加持

『나무시방불 나무시방법 나무시방승』 (세번)
南無十方佛　南無十方法　南無十方僧

무량위덕 자재광명승묘력 변식진언
無量威德　自在光明勝妙力　變食眞言

『나막 살바다타 아다 바로기제 옴 삼바라
　　삼바라 훔』 (세번)

시감로수진언
施甘露水眞言

『나무 소로바야 다타아다야 다냐타 옴
　　소로소로 바라소로 바라소로 사바하』 (세번)

【참 말씀의 가지로써 공양하시기를 권함 - 4다라니】

향기로운 음식을 진열한 재자의 경건하고 정성된 공양이 두루 원만케 하려면 모름지기 가지의 변화에 의지하여야 하오니 바라옵건대 오직 삼보님께 바라오니 부처님의 가호를 내리시옵소서. 「온 세계의 부처님께 귀의합니다. 온 세계의 가르침에 귀의합니다. 온 세계의 스님들께 귀의합니다.」

(세번)

*4다라니는 귀명요령, 귀높이까지 들고 앞뒤로 요령을 빨리 부딪친다. 삼보 전에 올린 공양을 네 가지 진언을 통하여 훌륭하고 정제된 공양으로 변화시키는 역할을 한다.

【무량한 위덕과 자재 광명 그리고 묘한 힘으로 일체의 소례께서 부족함이 없이 공양하실 수 있도록 음식의 양을 변하게 하는 진언】

「나막 살바다타 아다 바로기제 옴 삼바라 삼바라 훔」 (세번)

【시감로수진언(소례께 감로수를 올리는 진언)】

「나무 소로바야 다타아다야 다냐타 옴 소로소로 바라소로 바라소로 사바하」 (세번)

*가지加持는 부처님의 가피를 말하며, 불보살이 불가사의한 힘으로, 중생을 돌보아 주는 것을 신변가지神變加持라 고 한다.

일자수륜관진언
一字水輪觀眞言

『옴 밤 밤 밤밤』 (세번)

유해진언
乳海眞言

『나무 사만다 못다남 옴 밤』 (세번) *사다라니 끝.

운심공양진언
運心供養眞言

원차향공변법계　보공무진삼보해
願此香供遍法界　普供無盡三寶海

자비수공증선근　영법주세보불은
慈悲受供增善根　令法住世報佛恩

『나막 살바다타 아제뱍미 새바 모케베약 살바
다캄 오나아제 바라혜맘 옴 아아나캄 사바하』
(세번)

지심정례공양 삼계도사 사생자부 시아본사
至心頂禮供養 三界導師 四生慈父 是我本師

석가모니불 (절)
釋迦牟尼佛

【일자수륜관진언(대지를 받치고 있는 물만큼 많은 감로수를 원하는 진언)】
「옴 밤 밤 밤밤」 (세번)

【유해진언(젖과 같이 부드럽게 하는 진언)】「나무 사만다 못다남 옴 밤」 (세번)

【운심공양진언(마음을 움직여 공양을 진지하는 진언)】
바라옵건대 향기로운 이 공양 법계에 두루 현하여 널리 다함없는 삼보님께 공양올립니다. 자비로 공양을 받으심에 저희들의 선근은 증장하고, 불법이 세상에 머물게 하여 부처님의 은혜를 갚나이다. 「나막 살바다타 아제뱍미 새바 모케베약 살바다캄 오나아제 바라혜맘 옴 아아나캄 사바하」(세번)

【예배를 갖추어 공양을 예참】 *목탁으로 집전
지극한 마음으로 엎드려 절하오니, 욕계·색계·무색계의 삼계 중생을 인도하는 크신 스승이시며, 태생·난생·습생·화생 사생四生의 자비로운 어버이신 석가모니 부처님께 지극한 마음으로 공양합니다.

*법주가 사다라니를 진행하는 동안 바라지는 공양게의 '원수자비애납수'에서 절을 한 상태에서 상체만 세우고 앉아 있다가 운심공양진언을 할 때에 목탁을 내리고 예참을 하기 시작한다.

지심정례공양 시방삼세 제망찰해 상주일체
至心頂禮供養 十方三世 帝網刹海 常住一切

불타야중 (절)
佛陀耶衆

지심정례공양 시방삼세 제망찰해 상주일체
至心頂禮供養 十方三世 帝網刹海 常住一切

달마야중 (절)
達摩耶衆

지심정례공양 대지문수사리보살
至心頂禮供養 大智文殊舍利菩薩

대행보현보살 대비관세음보살
大行菩賢菩薩 大悲觀世音菩薩

대원본존지장보살 제존보살마하살 (절)
大願本尊地藏菩薩 諸尊菩薩摩訶薩

지심정례공양 영산당시 수불부촉
至心頂禮供養 靈山當時 受佛附屬

십대제자십육성 오백성독수성 내지
十大弟子十六聖 五百聖獨修聖 乃至

천이백제대아라라한 무량자비성중 (절)
千二百諸大阿羅漢 無量慈悲聖衆

지극한 마음으로 엎드려 절하오니, 시방세계에 항상 계신 모든 부처님께 지극한 마음으로 공양합니다.

지극한 마음으로 엎드려 절하오니, 시방세계에 항상 계시는 부처님의 가르침에 지극한 마음으로 공양합니다.

지극한 마음으로 엎드려 절하오니, 대지혜의 문수보살님 대행원의 보현보살님 대자비의 관세음보살님 대서원의 본존이신 지장보살님과 모든 존경하는 큰 보살님들께 지극한 마음으로 공양합니다.

지극한 마음으로 엎드려 절하오니, 영산 법회 당시에 부처님의 부촉을 받으신 십대 제자와 십육 성현과 오백 성현과 독수 성현과 내지 일천이백 모든 큰 아라한과 헤아릴 수 없는 자비의 성현님들께 지극한 마음으로 공양합니다.

지심정례공양 서건동진 급아해동 역대전등
至心頂禮供養 西乾東晉 及我海東 歷代傳燈

제대조사 천하종사 일체 미진수
諸大祖師 天下宗師 一切 微塵數

제대선지식 (절)
諸大善知識

지심정례공양 시방삼세 제망찰해 상주일체
至心頂禮供養 十方三世 帝網刹海 常住一切

승가야중 (절)
僧伽耶衆

유원무진삼보 대자대비 수아정례 명훈가피력
唯願無盡三寶 大慈大悲 受我頂禮 冥熏加被力

원공법계제중생 자타일시성불도 (반절)
願共法界諸衆生 自他一時成佛道

보공양진언
普供養眞言

『옴 아아나 삼바바 바아라 훔』 (세번)

지극한 마음으로 엎드려 절하오니, 인도로부터 중국과 우리 한국에 불법을 전해주신 모든 큰 조사 종사와 일체 티끌과 같이 많은 선지식께 공양합니다.

지극한 마음으로 엎드려 절하오니 시방에 항상 계신 모든 큰 스님께 공양합니다.

가피력을 입어 법계의 모든 중생을 제도하시는 다함없는 삼보님 크신 자비로써 이 공양을 받으시고 원하옵건대 여기 도량의 공양에 강림하사 중생을 제도하사 불도를 이루소서.

【보공양진언(널리 공양하는 참 말씀)】

「옴 아아나 삼바바 바아라 훔」 (세번)　　*일자 목탁으로 진행함.

【보회향진언(널리 회향하는 참 말씀)】

「옴 사마라 사마라 미만나 사라마하 자가라바 훔」 (세번)

*'유원'할 때에 목탁을 한 번 울려서 엎드린 자세에서 고개만 들어 합장하고 난 다음 다시 이마를 땅에 조아리는 고두례 한다. 예참을 마치고 일어서면 일자 목탁에 맞춰 '보공양진언'부터 '보궐진언'까지 목탁으로 진행한다. '자타일시성불도' 할 때 반배를 한다.

보회향진언
普回向眞言

『옴 삼마라 삼마라 미만나 사라마하 자가라 바 훔』
(세번)

대원성취진언
大願成就眞言

『옴 아모카 살바다라 사다야 시베 훔』 (세번)

보궐진언
補闕眞言

『옴 호로호로 사야목계 사바하』 (세번)

탄 백
歎 白

찰진심념가수지 대해중수가음진
刹塵心念可數知 大海中水可飮盡

허공가량풍가계 무능진설불공덕
虛空可量風可繫 無能盡說佛功德

고아일심귀명정례
故我一心歸命頂禮

【대원성취진언(큰 소원을 성취하는 참 말씀)】
「옴 아모카 살바다라 사다야 시베 훔」 (세번)

【보궐진언(빠진 것을 보충하는 참 말씀)】
「옴 호로호로 사야모케 사바하」 (세번)

【탄백(부처님의 덕상을 찬탄함)】
티끌의 수를 마음으로 셀 수 있거나, 바닷물을 마셔서 모두 없애 버리고,
허공을 세고 바람을 짊어 맬 수 있어도 부처님의 공덕은 모두 다 말 못하리라.
저희들은 일심으로 절하옵니다.

*탄백을 하고나서 축원을 하며, 탄백의 끝에서 목탁을 맞춰 반배하면 된다. 정근을 할 때는 정근을 한
 뒤에 탄백을 한다.
*정근을 할 때는 목탁치는 속도를 잘 맞추어 대중들이 함께 정근을 할 수 있도록 하며, 불공을 올리는
 불자는 정근에 맞춰 부지런히 절을 하도록 해야 한다.

석가모니불 정근
釋迦牟尼佛　精勤

나무 삼계도사 사생자부 시아본사 석가모니불
南無　三界導師　四生慈父　是我本師　釋迦牟尼佛

『석가모니불 석가모니불 석가모니불…』(10여분)

천상천하무여불 시방세계역무비 세간소유아진견
天上天下無如佛　十方世界亦無比　世間所有我盡見

일체무유여불자 고아일심 귀명정례
一切無有如佛者　故我一心　歸命頂禮

관세음보살 정근
觀世音菩薩　精勤

나무 보문시현 원력홍심 대자대비 관세음보살
南無　普門示現　願力弘心　大慈大悲　觀世音菩薩

구족신통력 광수제방편 시방제국토 무찰불현신
具足神通力　廣修諸方便　十方諸國土　無刹不顯身

고아일심 귀명정례
故我一心　歸命頂禮

『관세음보살 관세음보살 관세음보살…』(10여분)

【석가모니불 정근】

욕계 색계 무색계 삼계의 크신 스승이시고 자비로운 어버이이시며 저희들의 근본이며 스승이신 부처님께 귀의합니다.

「석가모니불 석가모니불 석가모니불…」 (10여분 정근함)

천상천하 부처님 같은 분 없고 시방세계 어디에 비할 바 없고 온 세상 모든 것을 다 볼지라도 부처님 같은 이는 아무도 없네. 그러므로 저희들이 일심으로 예배를 올려 삼계의 크신 스승이시고 자비로운 어버이이시며, 저희들의 근본 스승이신 석가모니 부처님께 귀의합니다.

【관세음보살 정근】

인간과 중생세상 두루 화현하시어 크고 깊은 원력으로 자비심을 펼치시는 사바교주 관세음보살님께 귀의합니다. 신통한 힘 갖추시고 지혜의 방편 널리 닦아서 시방의 모든 세계에 그 모습을 나타내시는 관세음보살님께 일심으로 귀의합니다.

관세음보살 멸업장진언
觀世音菩薩 滅業障眞言

『옴 아로늑계 사바하』 (세번)

지장보살 정근
地藏菩薩 精勤

나무 남방화주 유명교주 대원본존 지장보살
南無 南方化主 幽冥敎主 大願本尊 地藏菩薩

『지장보살 지장보살 지장보살…』 (10여분)

지장보살 멸정업진언
地藏菩薩 滅定業眞言

『옴 바라마니 다니 사바하』 (세번)

지장대성위신력 항하사겁설난진 견문첨례일념간
地藏大聖威神力 恒河沙劫說難盡 見聞瞻禮一念間

이익인천무량사 고아일심 귀명정례
利益人天無量事 故我一心 歸命頂禮

「관세음보살 관세음보살 관세음보살…」 (10여분 정근함)

【관세음보살님이 업장 소멸하시는 진언】「옴 아로늑계 사바하」 (세번)

【지장보살님 명호를 지극한 마음으로 정근함】

남방화주 지장보살님께 귀의합니다. 오탁악세의 모든 중생에게 끝없는 방편력과 복덕으로 제도하시고, 숙명의 본말, 이생·전생·내생에 인과의 깨우침의 교화를 주시고, 불가사의한 위신력과 이익과 복을 주시고, 고통 받아 죽은 원혼을 자유로이 해탈시키는 서원력으로 중생업보를 소멸하여 천도하시는 대원본존 지장보살 지장보살 지장보살… (10여분 정근)

【지장보살게 업장소멸 올리는 진언】「옴 바라마니 다니 사바하」 (세번)

지장보살 대성인의 성스러운 위신력은 영원토록 설하여도 다 말할 수가 없으라. 보고 듣고 우러러 한 생가만 예배해도 사람과 천상 세계에 이익됨은 그지없이 많으시네. 그러므로 일심으로 이 세상 남방화주이신 지장보살님께 귀의합니다.

축 원
祝 願

앙고 시방삼세 제망중중 무진삼보자존
仰告 十方三世 帝網重重 無盡三寶慈尊

불사자비 허수낭감 상래소수공덕해
不捨慈悲 許垂朗鑑 上來所修功德海

불공덕 회향삼처실원만 시이 사바세계 남섬부주
佛功德 回向三處悉圓滿 是以 裟婆世界 南贍部州

해동 대한민국 모도 모시 모사 청정지도량
海東 大韓民國 某道 某市 某寺 淸淨之道場

원아금차 지극지성 헌공발원 재자 ○○시 ○구
願我今此 至極至誠 獻供發願 齋者 　　市 　　區

○동 ○번지 거주 성명 보체 시회대중 청신사
　洞 　番地 居住 姓名 保體 時會大衆 淸信士

청신녀 동남 동녀 백의단월 각각등보체
淸信女 童男 童女 白衣檀越 各各等保體

이차인연공덕 앙몽제불제보살 가호지묘력
以此因緣功德 仰蒙諸佛諸菩薩 加護之妙力

일일유천상지경 시시무백해지재
日日有千祥之慶 時時無百害之災

【축원】

우러러 아뢰옵니다. 제석천의 보주가 서로 비추듯 손누리에 항상 계신 다함없는 삼보님, 자비로운 어른이시여, 자비를 버리지 마옵시고 밝은 지혜를 끊임없이 드리워 주옵소서. 지금까지 닦은 한량없는 공덕을 중생 회향, 보리 회향, 가내 회향에 돌리오니 모두 원만히 이루어지소서. 금일 사바세계 청정하고 물 맑은 도량 ○○사에서 오늘 지극한 정성으로 공양하며 발원하는 재자 ○○거주 ○○보체와 법회에 참석한 청신사 청신녀 동남동녀와 재가의 보시하는 불자들이 이 인연공덕으로 모든 불보살님의 가피지 묘력을 입어 매일 천 가지 경사가 있사옵고, 어느 때건 백 가지의 해로운 재앙은 없어지고, 일체 재난 불행과 마장이 영원히

일체재화 일체마장 영위소멸 사대강건 육근청정
一切災禍　一切魔障　永爲消滅　四大强健　六根淸淨

신강철석 심약태산 자손창성 무병장수 재수대통
身强鐵石　心若泰山　子孫昌盛　無病長壽　財數大通

사업번창 가내화합 안과태평 수산고흘 복해왕양
事業繁昌　家內和合　安過太平　壽山高屹　福海汪洋

각기심중 소구소원 여의원만 형통지대원
各其心中　所求所願　如意圓滿　亨通之大願

동참재자 각각등보체 불법문중 신심견고 영불퇴전
同參齋者　各各等保體　佛法門中　信心堅固　永不退轉

부귀영화 만사여의 원만형통지대원
富貴榮華　萬事如意　圓滿亨通之大願

동참재자 각각등복위 각상서선망부모 각열위열명영가
同參齋者　各各等伏爲　各上逝先亡父母　各列位列名靈駕

이차인연공덕 왕생극락세계 상품상생지대원
以此因緣功德　往生極樂世界　上品上生之大願

　　연후원
　　然後願

이 금월금일 건설법연 정찬공양 제불제보살
以　今月今日　虔設法筵　淨饌供養　諸佛諸菩薩

소멸되고 사대가 강건하고 육근이 청정하여 철과 돌같은 몸이 되고 태산같은 마음 되어 자손은 번성하고 질병 없이 오래 살며, 재수는 대통하여 사업이 번창하고 집안이 화목하며 편안한 삶을 살고 수명은 태산 같이 높아지고 복은 바다처럼 넓어지며, 마음속에 구하고 바라는 모든 일이 뜻대로 원만히 이루어지소서. 동참한 재자 모두 부처님 집안에서 신심이 견고하여 영원히 물러나지 아니하고 부귀영화가 있고 가내의 만사가 원만히 이루어지소서.

오늘 지극한 정성으로 공양하며 발원하는 재자 주소 동참 재자들의 먼저 돌아가신 각 부모님들을 비롯한 모든 영가들이 이 인연공덕으로 극락 세계에 가서 색계 무색계의 높은 하늘에 태어나소서.

그런 연후에 재차 아뢰옵건대, 오늘 ○○월 ○○일 경건하게 법연을 마련하여 정결한 나물과 공양을 마련하였사오니 부처님 보살님 큰 성인께서는 자비를

서회자감 곡조미성
庶回慈鑑 曲照微誠

앙표일심 선진삼청
仰表一心 先陳三請

금차지극지성 헌공발원재자 각각등보체 각기
今此至極至誠 獻供發願齋者 各各等保體 各其

동서사방 출입제처 상봉길경 불봉재해
東西四方 出入諸處 常逢吉慶 不逢災害

관재구설 삼재팔난 사백사병 일시소멸 사대강건
官災口舌 三災八難 四百四病 一時消滅 四大强健

육근청정 복덕구족 심중소구 여의원만
六根淸淨 福德具足 心中所求 如意圓滿

형통지발원
亨通之發願

항사법계 무량불자등 동유화장장엄해
恒沙法界 無量佛子等 同遊華藏莊嚴海

동입보리대도량 상봉화엄불보살 항몽제불대광명
同入菩提大道場 常逢華嚴佛菩薩 恒蒙諸佛大光明

소멸무량중죄장 획득무량대지혜 돈성무상최정각
消滅無量衆罪障 獲得無量大智慧 頓成無上最正覺

돌려 감응하여 주옵소서. 우러러 합장하고 일심으로 세 번 청하옵니다. 오늘 지극한 정성으로 공양하며 발원하는 재자 거주 부체 등이, 동서사방 출입할 때 악인은 멀어지고 선한 사람 만나지며, 항상 좋은 인연 만나오고 나쁜 환경 멀어지며, 관재구설 물러가고, 삼재팔난과 사백네 가지 질병의 고통 등 모든 것이 일시에 소멸되어 마음속에 바라고 구하는 것이 모두 뜻대로 원만히 이루어지소서. 일체고난이 영원히 소멸하고 머리 몸통 팔다리가 강건하고 눈 코 입 귀 감촉 뜻이 청정하며, 집안일이 태평하고 가족의 수명이 장수하며 자손이 창성하고, 가내 가족에 부귀영화가 있고 만사가 원만하고, 재수는 대통하고 신수는 대길하게 소원하길 바랍니다.

항하강의 모래수와 같이 많은 온 법계의 한량없는 불자들이 꽃으로 장엄된 화장세계에 머물며, 깨달음의 도량에 들어가 항상 화엄세계의 불보살님들을

광도법계제중생 이보제불막대은 세세상행보살도
廣度法界諸衆生 以報諸佛莫大恩 世世常行菩薩道

구경원성살바야 마하반야바라밀
究竟圓成薩婆若 摩訶般若婆羅蜜

나무석가모니불 나무석가모니불
南無釋迦牟尼佛 南無釋迦牟尼佛

나무 시아본사 석가모니불
南無 是我本師 釋迦牟尼佛

*축원은 법주가 혼자서 낭독한다. 축원하는 동안 바라지는 목탁을 세 번 내려 동참재자들이 삼배를 할 수 있도록 한다. 끝날 때까지 절이나 명상을 하고 마지막 영가 축원을 할 때는 모두가 함께 일어나서 절을 하면 된다. 소원을 마음속으로 나타내는 발원 기도는 부처님에 대한 찬탄, 자신의 업장 참회, 발원, 공덕 회향의 모양을 갖춰야 한다. 발원의 내용은 첫째 참석한 제자의 몸과 마음이 건강하기를 발원하고, 둘째 일상 사회생활과 수행에 있어서 일체의 액난을 소멸하기를 발원하고, 셋째 자신에 맞는 수행방법으로 깨달음을 얻고 소원하는 것을 성취하고, 넷째 자신의 뿌리인 일체 선망조상에 대한 왕생극락과 해탈하기를 발원하고, 마지막으로 지은 공덕을 일체 중생과 온 법계에 회향하여 나의 공덕을 전체의 공덕으로 돌려 공덕을 확대하는 큰 발원을 하여 결국에는 일체 소원을 성취코자 하는 것이다.

만나 뵙고 늘 모든 부처님의 크신 광명을 입어 많은 죄업 소멸시키고, 한량없는 큰 지혜를 이룩하여 위없이 바른 깨달음의 정각을 이루소서. 널리 법계의 모든 중생 제도하여 부처님의 크신 은혜 갚기 원하오며, 세상에 날 때마다 항상 보살도를 행하여 마침내 일체의 깨달음 경지를 원만히 이루어 큰 지혜로 수많은 겁의 생명을 저 보살도와 극락의 하늘에 도달하게 함을 성취하소서. 뒤바뀐 생각을 멀리 여의고 마침내 보살도를 성취하고자 원하오니 과거 현재 미래의 모든 불보살이 마하반야바라밀다심경을 의지하듯이 큰 지혜를 주소서. 석가모니 부처님께 귀의합니다. 석가모니 부처님께 귀의합니다.
우리들의 근본 스승이신 석가모니 부처님께 귀의합니다.

나반존자 산왕경
那畔尊者 山王經

보례진언
普禮眞言

아금일신중　즉현무진신
我 今 一 身 中　即 現 無 盡 身

변재독성전　일일무수례　『옴 바아라 믹』(세번)
遍 在 獨 聖 前　一 一 無 數 禮

헌향진언
獻香眞言

『옴 바아라 도비야 훔』 (세번)

지심귀명례 항거천태산상 독수선정 나반존자(절)
至 心 歸 命 禮 恒 居 天 台 山 上 獨 修 禪 定 那 畔 尊 者

지심귀명례 천상인간 응공복전 대사용화 나반존자
至 心 歸 命 禮 天 上 人 間 應 供 福 田 待 竢 龍 華 那 畔 尊 者

지심귀명례 삼명이증 이리원성 신통자재 나반존자
至 心 歸 命 禮 三 明 已 證 二 利 圓 成 神 通 自 在 那 畔 尊 者

나반신통세소희 행장현화임시위
那 畔 神 通 世 所 稀 行 藏 現 化 任 施 爲

【보례진언】 *독성각에 예를 올리는 참 말씀

내가 이제 이 한 몸 가운데 곧비로 다함없는 몸을 내어 시방에 두루 나투어 계신 거룩하신 나반존자 독성님께 헤아릴 수 없이 많은 예를 올립니다.

「옴 바아라 믹」 (세번)

지극한 마음으로 천태산에서 홀로 선정에 들어계신 나반존자님께 귀의 예배합니다.(절) 지극한 마음으로 천상과 인간계의 복밭이신 나반존자님, 열반에 들지 않고 미륵부처 기다리는 나반존자님께 귀의 예배를 합니다.(절) 지극한 마음으로 전생의 숙명, 생과 사, 온갖 누진의 번뇌를 아는 지혜를 증득하여 두 가지 이로움을 원만하게 성취하고 신통한 자재력을 가지신 나반존자님께 귀의 예배합니다.(절)

나반의 신통은 세간에서 찾아보기 힘들어, 행을 감추고 화신을 드러냄은 중생을 위함인데, 숲과 바위굴에 자취 숨긴 지 몇 천 겁 지났던가.

송암은적경천겁 생계잠형입사유
松 巖 隱 跡 經 千 劫　生 界 潛 形 入 四 維

고아일심 귀명정례 (반배)
故 我 一 心　歸 命 頂 禮

헌향진언
獻 香 眞 言

『옴 바아라 도비야 훔』 (세번)

지심귀명례 만덕고승 성개한적 산왕대신 (절)
至 心 歸 命 禮　萬 德 高 勝　性 皆 閑 寂　山 王 大 神

지심귀명례 차산국내 항주대성 산왕대신 (절)
至 心 歸 命 禮　此 山 局 內　恒 住 大 聖　山 王 大 神

지심귀명례 시방법계 지령지성 산왕대신 (절)
至 心 歸 命 禮　十 方 法 界　至 靈 至 聖　山 王 大 神

영산석일여래촉 위진강산도중생
靈 山 昔 日 如 來 囑　威 振 江 山 度 衆 生

만리백운청장리 운거학가임한정
萬 里 白 雲 靑 嶂 裡　雲 車 鶴 駕 任 閑 靜

고아일심 귀명정례 (반배)
故 我 一 心　歸 命 頂 禮

중생계에 형체 숨기고 사방의 서북 서남 동북 동남의 네 방위에 드셨네. 그러므로 저희들은 일심으로 절합니다.

【향을 피워 올리는 진언】

「옴 바아라 도비야 훔」(세번)

【산왕대신께 예배하며 공양함】

지극한 마음으로, 만덕이 높고 수승하며 성품이 한적한 산왕대신님께 귀의 예배합니다. 지극한 마음으로, 이 산중에 항상 머무시는 크신 성자 산왕대신님께 귀의 예배합니다. 지극한 마음으로, 시방법계에 신령하고 성스러운 산왕대신님께 귀의 예배합니다. 영산회상 당시 부처님이 위촉한 산왕대신이시여, 바라건대 위력을 펼치어 강과 산의 중생을 제도하시는 산왕대신이시여, 만리의 흰구름과 푸른 높고 깊은 산 다스리고, 구름 수레 몰고 학 위에 타고 고요히 미무르고 계시는 산왕대신님께 일심으로 귀의 예배드립니다.

거목
舉目

나무 항거천태산상 독수선정 나반존자
南無 恒居天台山上 獨修禪定 那畔尊者

나무 천상인간 응공복전 대사용화 나반존자
南無 天上人間 應供福田 待竢龍華 那畔尊者

나무 삼명이증 이리원성 신통자재 나반존자
南無 三明已證 二利圓成 神通自在 那畔尊者

보소청진언
普召請眞言

『나무 보보제리 가리다리 다타 아다야』 (세번)

유치
由致

앙유 독성자 석존기멸지후 자씨미생지전 불왕진구
仰惟 獨聖者 釋尊旣滅之後 慈氏未生之前 不往塵區

은현무애 혹어층층대상 정거안선 혹어낙락송간
隱現無礙 或於層層臺上 靜居安禪 或於落落松間

왕반임의 산은은 수잔잔 일간난야 좌와소요
往返任意 山隱隱 水潺潺 一間蘭若 坐臥逍遙

【나반존자 명호를 부르며 오실 것을 청함】

천태산에 홀로 선정에 들어세신 나반존자님께 귀의합니다 천상과 인간계의 복밭이며, 열반에 들지 않고 미륵부처 기다리는 나반존자님께 귀의합니다. 전생의 숙명, 생과 사, 온갖 누진의 번뇌를 아는 지혜를 증득하여 두 가지 이로움을 원만하게 성취하고 신통한 자재를 가진 나반존자님께 귀의합니다.

【독성께 공양청을 받아 주실 것을 간청하는 진언】

「나무 보보제리 가리다리 다타 아다야」 (세번)

【청하는 사유를 올림】

우러러 아뢰옵나니, 독성께서는 석가세존께서 입멸하신 후에 미륵부처님 오시기 전까지 띠끌과 더러움의 세상에 나가지 아니하고 숨고 나타남이 걸림 없어라. 혹은 층층한 대 위에서 조용히 머물러 편안하게 선정을 닦고, 큰 가지 늘어진 소나무 사이에서 오고 감이 마음대로이고, 산이 깊어 물이 졸졸 흐르는 한 칸의

화작작 조남남 성색분연 경행자재 하납반견이낙도
花灼灼　鳥喃喃　聲色紛然　經行自在　霞衲半肩而樂道

설미복안이관공 현주선나 응공무량 약신공양지의
雪眉覆眼而觀空　現住禪那　應供無量　若伸供養之儀

필사신통지감 유구개수 무원부종
必賜神通之鑑　有求皆遂　無願不從

시이사바세계 차사천하 남섬부주 해동 대한민국
是以娑婆世界　此四天下　南贍部洲　海東　大韓民國

모도 모시 모사 청정수월도량 원아금차
某道　某市　某寺　清淨水月道場　願我今此

지극지정성 헌공발원재자 ○시 ○동 ○번지 거주
至極之精誠　獻供發願齋者　○市　○洞　○番地　居住

건명 모생 모인 보체　　곤명 모생 모인 보체
乾名　某生　某人　保體　　坤名　某生　某人　保體

장남 모생 모인 보체　　장녀 모생 모인 보체
長男　某生　某人　保體　　長女　某生　某人　保體

이차발원공덕 앙몽독수성중 명훈가피지묘력
以此發願功德　仰蒙獨修聖衆　冥熏加被之妙力

각기 사대강건 육근청정 신강철석 심약태산
各其　四大強健　六根清淨　身强鐵石　心若泰山

난야에 앉거나 누워 소요하고 꽃이 만개하고, 새가 재잘거려 소리와 색깔이 어지러운 곳에서 경행이 자재하며, 반쪽 어깨에 저녁노을 받아 즐기면서 백설같이 흰 눈썹은 눈을 덮어 공을 관하여 선나에 머무르고 있음을 나타내어 무량한 공양을 받을 만하옵니다. 만약 공양을 올리면 반드시 신통을 내려 감응하시고 구하는 바를 따라 모두 원하는 바를 따라 성취하지 못함이 없습니다.

이런 까닭으로 남섬부주 해동 대한민국 ○○시 ○○산 ○○사 청정한 수월 도량에서 지금 지극한 마음으로 정성을 다하여 ○○시 ○○구 ○○동 ○○번지 거주하는 건명 ○○보체 곤명 ○○보체 장자 ○○보체 장녀 ○○보체 등이 공양을 올리고 발원하오니, 이 공덕으로 독수성중님의 가피의 묘한 힘을 얻어, 각기 사대가 강건하고 육근이 청정하여 몸이 쇠와 돌같이 강건하고 마음이 태산과 같아 수명이 산과 같이 높고 복이 바다와 같이 넓어 천재가 모두 없어지고 만복이 구름 일듯 일어 가내가 모두 편안하고 태평하여 상서롭게 지내기를 원하옵니다.

수산고흘 복해왕양 천재설소 만복운흥 안과태평
壽山高屹 福海汪洋 天災泄消 萬福雲興 安過太平

안과길상지대원
安過吉祥之大願

재고축
再告祝

금차지극지성 헌공발원재자 ○시 ○동 ○번지 ○보체
今此至極至誠 獻供發願齋者 ○市 ○洞 ○番地 ○保體

이차인연공덕 앙몽 독수성중 가피지성력 각기
以此因緣功德 仰蒙 獨修聖衆 加被之聖力 各其

사대강건 육근청정 재수대통 신수대길 복덕구족
四大强健 六根淸淨 財數大通 身數大吉 福德具足

동서사방 출입제처 악인원리 귀인상봉 상봉길경
東西四方 出入諸處 惡人遠離 貴人相逢 常逢吉慶

불봉재해 관재구설 삼재팔난 사백사병 영위소멸
不逢災害 官災口舌 三災八難 四百四病 永爲消滅

심중소구소원 여의원만 성취지대원
心中所求所願 如意圓滿 成就之大願

거듭 아뢰오니, 이제 지극한 마음으로 정성을 다하여 ○○시 ○○동 ○○번지 거주하는 건명 ○○보체 곤명 ○○보체 장자 ○○보체 여식 ○○보체 등이 공양 올리고 발원하오니, 이 공덕으로 독수성중님의 가피의 큰 힘을 얻어, 각기 사대가 강건하여 육근이 청정하며 재수가 대통하고 신수가 대길하며 복덕을 두루 갖추어 동서사방으로 출입할 때에 악인은 만나지 않고 착한 사람 만나며, 항상 좋은 환경 만나고 나쁜 환경 물러가며, 관재구설 물러가고, 교통사고 일체병고 물러가서 마음 가운데 소원하는 바를 모두 원만하게 성취하여지이다.

재삼 아뢰오니, 금일 지극한 마음으로 정성을 다하여 공양을 올리는 발원재자 ○○시 ○○동 ○○번지 거주하는 건명 ○○보체 곤명 ○○보체 장자 ○○보체 여식 ○○보체와 일문 가족 모든 불자들과 동참한 대중 모두가 이 공양 올리고 발원한 공덕으로 독수성중님의 가피의 큰 힘을 얻어, 각기 믿는 마음 깨끗하고 변함없는 신행으로 다겁 생래의 모든 업장이 소멸되어 참선하는 이는 잡념이

삼고축
三 告 祝

금차지극지성 헌공발원재자 ○시 ○동 ○번지 ○보체
今 此 至 極 至 誠　獻 供 發 願 齋 者　○市　○洞　○番 地　○保 體

이차발원공덕 참선자 의단독로 염불자 삼매현전
以 此 發 願 功 德　參 禪 者　疑 團 獨 露　念 佛 者　三 昧 現 前

간경자 혜안통투 병고자 즉득쾌차 단명자
看 經 者　慧 眼 通 透　病 苦 者　卽 得 快 差　短 命 者

수명장원 무인연자 속득인연 무자자 속득생남
壽 命 長 遠　無 因 緣 者　速 得 因 緣　無 子 者　速 得 生 男

학업자 학업성취 농업자 오곡풍년 사업자
學 業 者　學 業 成 就　農 業 者　五 穀 豊 年　事 業 者

사업성취 공업자 안전조업 상업자 재수대통
事 業 成 就　工 業 者　安 全 操 業　商 業 者　財 數 大 通

운전자 안전운행 여행자 안전성취 무직자
運 轉 者　安 全 運 行　旅 行 者　安 全 成 就　無 職 者

취직성취 직장자 진급성취등 각기 경영지사업
就 職 成 就　職 場 者　進 級 成 就 等　各 其　經 營 之 事 業

만사여의 원만형통지대원
萬 事 如 意　圓 滿 亨 通 之 大 願

없어지고, 염불하는 이는 삼매가 드러나며, 경을 보는 이는 지혜 눈이 밝아지며, 기도하는 이는 즉시에 가피를 입으며, 박복한 이는 복덕을 성취하며, 단명한 이는 명을 잇고, 병든 이는 쾌차하며, 짝없는 이는 좋은 인연 만나고, 자식이 없는 이는 곧 훌륭한 자식 얻으며, 학업을 닦는 이는 몸과 마음 안정하여 지혜가 총명하여 학업을 성취하며, 사업하는 이는 사업이 성취되고, 농사하는 이는 오곡이 풍년 들며, 장사하는 이는 재수가 대통하며, 운전자는 안전운행하고, 비행기와 배 타는 이는 안전 여행하며, 직장 없는 자는 취직되고, 직장이 있는 자는 진급이 성취되는 등 각기 경영하거나 종사하는 일이 모두가 마음먹은 대로 이루어지이다. 금월 금일 정갈하고 향기로운 단을 열어 공양을 올리고 독수성중님과 권속들을 청하오며, 다시 엎드려 얼굴과 손을 씻고 향을 사르고 응진께 예경하옵니다. 바라옵건대 맑은 경쇠 소리로 그윽한 관문에 청하오니, 잠시 보굴을 떠나 이 향단에 내려오시어 이 공양을 받으시고 원하는 바 만족하게 하시옵기 바라옵니다.

청사
請辭

나무 일심봉청 영산당시 수불부촉 항거천태산상
南無　一心奉請　靈山當時　受佛付囑　恒居天台山上

독수선정 불입열반 위작복전 대사용화
獨修禪定　不入涅槃　爲作福田　待竢龍華

나반존자 병종권속 유원 자비 강림도량 수차공양
那畔尊者　竝從眷屬　唯願　慈悲　降臨道場　受此供養

『향화청』 (세번)
香花請

나반신통세소희 행장현화임시위
那畔神通世所稀　行藏現化任施爲

송암은적경천겁 생계잠형입사유
松巖隱跡經千劫　生界潛形入四維

고아일심 귀명정례 (반배)
故我一心　歸命頂禮

*독성의 불공은 경험적으로 상당히 직선적이고 빠르다는 인식을 가지고 있어 소원이 있는 자가 불공을 올릴 경우에 가피를 빨리 얻을 수 있다고 한다. 반면에 재와 계를 잘못 가질 경우는 도리어 화가 도래한다는 인식도 배제할 수 없다고 한다. 나반과 산신은 신중단 하단의 불공이라고 하며, 위목을 거량한다는 뜻으로 거목擧目이라고 한다.

【나반존자님을 청함】

일심으로 귀의하며 청하옵니다. 영산에서 부처님으로부터 부촉을 받아 항상 천태산에 홀로 선정을 닦으면서 열반에 들지 않고 중생들의 복전이 되어 용화세계를 기다리는 나반존자님과 여러 병종 권속님들을 청하오니, 오직 바라옵건대 자비로써 이 도량에 내리시어 공양을 받으소서.

【향과 꽃으로 청하옵니다】

나반의 신통은 세간에서 찾아보기 힘들어
행을 감추고 화신 드러냄 중생을 위함인데
숲과 바위 굴에 자취 숨긴 지 몇 천 겁 지났던가.
중생계에 형체 숨기고 사유에 들으셨네.
그러므로 저희들은 일심으로 절합니다.

헌좌진언
獻 座 眞 言

아금경설보엄좌 봉헌천태독성전
我 今 敬 設 寶 嚴 座　奉 獻 天 台 獨 聖 前

원멸진로망상심 속원해탈보리과
願 滅 塵 勞 妄 想 心　速 圓 解 脫 菩 提 果

『옴 가마라 승하 사바하』(세번)

정법계진언
淨 法 界 眞 言

『옴 남』(세번)

다게
茶 偈

금장감로다 봉헌독성님전 산왕대신님전
今 將 甘 露 茶　奉 獻 獨 聖 任 前　山 王 大 神 任 前

『원수애납수 원수애납수 원수자비애납수』(세번)(절)
願 垂 哀 納 受　願 垂 哀 納 受　願 垂 慈 悲 哀 納 受

【자리를 권해드리는 참 말씀】

제가 지금 경건하게 보배자리 마련하여 천태산의 나반 독성님께 받들어 올리오니,
원하건대 번뇌 티끌과 헛된 망상을 없애고서 속히 해탈하여 보리과를 원만히
가지게 하소서.

「옴 가마라 승하 사바하」(세번)

【법계를 깨끗이 하는 참 말씀】

「옴 남」(세번)

【차를 올리는 노래】

제가 지금 감로의 차를 마련하여 나반 독성님과 산왕대신님께 받들어 올리오니,
재자의 간절한 마음을 살피시어 자비를 드리우사 감응하여 주시옵소서.「자비로
이 거두어 주옵시고 어여쁘게 여기시어 받으시옵소서.」(세번)(절)

진언권공
眞言 勸供

향수나열 재자건성 욕구공양지주원 수장가지지
香羞羅列 齋者虔誠 欲求供養之周圓 須仗加持之

변화 앙유삼보 특사가지
變化 仰唯三寶 特賜加持

『나무시방불 나무시방법 나무시방승』 (세번)
南無十方佛 南無十方法 南無十方僧

변식진언
變食眞言

『나막 살바다타 아다 바로기제 옴 삼바라
　삼바라 훔』 (세번)

시감로수진언
施甘露水眞言

『나무 소로바야 다타아다야 다냐타 옴
　소로소로 바라소로 바라소로 사바하』(세번)

일자수륜관진언
一字水輪觀眞言

『옴 밤 밤 밤밤』 (세번)

【참 말씀의 가지로써 공양하시기를 권함】
향기로운 음식을 진열한 재사의 경건하고 정성된 공양이 두루 원만케 하려면
모름지기 가지의 변화에 의지하여야 하오니 오직 삼보님께 바라오니 부처님의
가호를 내리시옵소서. 「온 세계의 부처님께 귀의합니다. 온 세계의 가르침에
귀의합니다. 온 세계의 스님들께 귀의합니다.」 (세번)

【공양하실 수 있도록 음식의 양을 변하게 하는 진언】
「나막 살바다타 아다 바로기제 옴 삼바라 삼바라 훔」 (세번)

【소례께 감로수를 올리는 진언】
「나무 소로바야 다타아다야 다냐타 옴 소로소로 바라소로 바라소로
　사바하」 (세번)

【대지를 받치고 있는 물만큼 많은 감로수를 원하는 진언】
「옴 밤 밤 밤밤」 (세번)

유해진언

乳海眞言

『나무 사만다 못다남 옴 밤』(세번)

지심정례공양 항거천태산상 독수선정 나반존자

至心頂禮供養 恒居天台山上 獨修禪定 那畔尊者

지심정례공양 천상인간 응공복전 대사용화 나반존자

至心頂禮供養 天上人間 應供福田 待竢龍華 那畔尊者

지심정례공양 삼명이증 이리원성 신통자재 나반존자

至心頂禮供養 三明已證 二利圓成 神通自在 那畔尊者

지심정례공양 만덕고승 성개한적 산왕대신

志心頂禮供養 萬德高勝 性皆閑寂 山王大神

지심정례공양 차산국내 항주대성 산왕대신

志心頂禮供養 此山局內 恒住大聖 山王大神

지심정례공양 시방법계 지령지성 산왕대신

志心頂禮供養 十方法界 至靈至聖 山王大神

유원 나반 산왕 애강도량 불사자비 수차공양

唯願 那畔 山王 愛降道場 不捨慈悲 受此供養

보공양진언

普供養眞言

『옴 아아나 삼바바 바아라 훔』(세번)

【유해진언(젖과 같이 부드럽게 하는 진언)】「나무 사만다 못다남 옴 밤」(세번)

【나반존자와 산왕께 예배하며 공양함】

지극한 마음으로 천태산에서 홀로 선정에 들어계신 나반존자님께 정례하며 공양합니다. 지극한 마음으로 천상과 인간계의 복밭이시며, 열반에 들지 않고 미륵부처님 오시기 전을 제도하시는 나반존자님께 정례하며 공양합니다. 지극한 마음으로 전생의 숙명, 생과 사, 온갖 누진의 번뇌의 지혜를 증득하여 두 가지 이로움을 원만하게 성취하고 신통한 자재를 가진 나반존자님께 정례하며 공양합니다. 지극한 마음으로 만 가지의 덕이 높고 수승하며 홀로 성찰하고 계신 산왕대신님께 정례하며 공양합니다. 지극한 마음으로 이 산중에 항상 머무시는 크신 성자 산왕대신님께 정례하며 공양합니다. 지극한 마음으로 시방법계에 신령하고 성스러운 산왕대신님께 정례하며 공양합니다. 오직 바라건대 나반존자님과 산왕대신님! 부디 이 도량에 강림하사 대자비로 이 공양을 받으소서.

보회향진언
普 回 向 眞 言

『옴 삼마라 삼마라 미만나 사라마하 자가라 바 훔』
(세번)

독성 다라니
獨 聖 陀 羅 尼

대벽지불 본심미묘 여래 대원만각 다라니
大壁支佛　本心微妙　如來　大圓滿覺　陀羅尼

미묘신통 여반장 변화무궁 만능당
微妙神通　如反掌　變化無窮　萬能當

여래보살 함공양 일체중생 속정각
如來菩薩　咸供養　一切衆生　速正覺

음양산수 주술법 출세세간 어만법
陰陽山水　呪術法　出世世間　於萬法

일일능당 구족상 일일봉지 여우담
一一能當　具足相　一一奉持　如優曇

『나무 바아바제 아바라제 세미사만다 세자나
가가세 지리지리 유아제 미아제 자라자라
바바세 바바세 우루우루 미마례 사바하』(세번)

【널리 공양하는 참 말씀】
「옴 아아나 삼바바 바아라 훔」 (세번)

【널리 회향하는 참 말씀】
「옴 사마라 사마라 미만나 사라마하 자가라 바 훔」 (세번)

【독성 다라니】
큰 벽지불의 본래 마음은 미묘하며, 여래께 큰 원을 세우고 깨우침을 채우는 다라니이라. 미묘한 신통력은 손바닥 뒤집듯이 쉽고 무궁한 변화의 능력이 만 가지나 있네. 여래와 보살과 같이 더불어 공양을 받으시고, 모든 중생을 정각에 이르게 속히 이끄시네. 세상사 음양 이치와 산·강·들에 대한 주술과 만 가지 법을 통달하시어 인간세계에 나타내시네. 하나하나 능히 구족하신 벽지불에게 우담바라 꽃이 낱낱이 받들어 주시네.
「나무 바아바제 아바라제 세미사만다 세자나 가가세 지리지리 유아제 미아제 자라자라 바바세 바바세 우루우루 미마례 사바하」 (세번)

산왕경
山 王 經

대산소산산왕대신 대악소악산왕대신
大 山 小 山 山 王 大 神　　大 岳 小 岳 山 王 大 神

대각소각산왕대신 대축소축산왕대신
大 覺 小 覺 山 王 大 神　　大 丑 小 丑 山 王 大 神

미산재처산왕대신 이십육정산왕대신
尾 山 在 處 山 王 大 神　　二 十 六 丁 山 王 大 神

외악명산산왕대신 사해피발산왕대신
外 岳 明 山 山 王 大 神　　四 海 被 髮 山 王 大 神

명당토산산왕대신 금괴대덕산왕대신
明 堂 土 山 山 王 大 神　　金 櫃 大 德 山 王 大 神

청룡백호산왕대신 현무주작산왕대신
靑 龍 白 虎 山 王 大 神　　玄 武 朱 雀 山 王 大 神

동서남북산왕대신 원산근산산왕대신
東 西 南 北 山 王 大 神　　遠 山 近 山 山 王 大 神

상방하방산왕대신 흉산길산산왕대신
上 方 下 方 山 王 大 神　　凶 山 吉 山 山 王 大 神

영산석일여래촉 위진강산도중생
靈 山 昔 日 如 來 囑　　威 振 江 山 度 衆 生

산왕경

대산소산산왕대신 대악소악산왕대신

대각소각산왕대신 대축소축산왕대신

미산재처산왕대신 이십육정산왕대신

외악명산산왕대신 사해피발산왕대신

명당토산산왕대신 금궤대덕산왕대신

청용백호산왕대신 현무주작산왕대신

동서남북산왕대신 원산근산산왕대신

상방하방산왕대신 흉산길산산왕대신

영산회상 당시 부처님이 위촉한 산왕대신이시여, 바라건대 강과 산에 위력을
맹렬히 펼치시어 중생을 제도하시는 산왕대신이시여,

만리백운청장리 운거학가임한정
萬里白雲靑嶂里 雲車鶴駕臨閑靜

고아일심 귀명정례
故我一心 歸命頂禮

대원성취진언
大願成就眞言

『**옴 아모카 살바다라 사다야 시베 훔**』 (세번)

보궐진언
補闕眞言

『**옴 호로호로 사야목계 사바하**』 (세번)

나반신통세소희 행장현화임시위
那畔神通世所稀 行藏現化任施爲

송암은적경천겁 생계잠형입사유
松巖隱跡經千劫 生界潛形入四維

고아일심 귀명정례
故我一心 歸命頂禮

만 리 뻗은 흰 구름과 높고 깊은 푸른 산봉우리 속에서 학이 모는 구름 수레 타고 한가로이 지내시는 산왕대신님께 일심으로 귀의 예배드립니다.

【대원성취진언(큰 소원을 성취하는 참 말씀)】
「옴 아모카 살바다라 사다야 시베 훔」 (세번)

【보궐진언(빠진 것을 보충하는 참 말씀)】
「옴 호로호로 사야목계 사바하」 (세번)

나반의 신통은 세간에서 찾아보기 힘들어, 행을 감추고 화신 드러냄 중생을 위함인데, 소나무 바위에 자취 감추어 천 겁을 지내고,
중생계에 모습 숨긴 채 사방의 사이 방향으로 들어오시네.
저희는 일념으로 귀의하오며 바닥에 머리 숙여 예배를 합니다.

신 중 단
神 衆 壇

진공진언
進供眞言

『옴 살바반자 사바하』 (세번)

이차청정향운공 봉헌옹호성중전 감찰재자건간심
以此淸淨香雲供　奉獻擁護聖衆前　鑑察齋者虔懇心

『원수애납수 원수자비애납수』 (세번)
願垂哀納受　願垂慈悲哀納受

헌향진언
獻香眞言

『옴 바아라 도비야 훔』 (세번)

나무일심봉청 권형응적 실보수인
南無一心奉請　權衡應跡　實報酬因

개 내비보살지자비 실 외현천신지위맹 호탑호법
皆　內秘菩薩之慈悲　悉　外現天神之威猛　護搭護法

호계호인 사바계주 대범천왕 지거세주 제석천왕
護戒護人　裟婆界主　大梵天王　地居世主　帝釋天王

신중단　*공양전에 반드시 반야심경을 독송한다. 화엄경 약찬게를 독송한다.

【진공진언으로 중단 공양함】

『옴 살바반자 사바하』 (세번)

맑은 물로 달인 차가 약이 되옵고 능히 질병과 혼침은 없어지오며

오직 옹호성중님께 바라옵나니 「가상하게 여기시어 거두어 주옵소서.

대자비로 가상하게 여기시어 거두어 주옵소서.」 (세번)

【향을 피워 올리는 진언】

「옴 바아라 도비야 훔」 (세번)

모든 옹호성중님이시여, 안으로는 보살님의 자비심 품으시고 밖으로는 하늘과

신이 가진 극렬한 위세를 보이시고 불탑과 불법을 수호하시며 계율과 인간을

옹호하시는 사바계주 교주이신 대범천왕님과 인간세계의 교주이신 제석천왕님께

귀의하며 한마음 모아 청하옵니다.

지심정례공양 진법계 허공계 화엄회상 욕색제천중
至心頂禮供養 眞法界 虛空界 華嚴會上 欲色諸天衆

지심정례공양 진법계 허공계 화엄회상 팔부사왕중
至心頂禮供養 眞法界 虛空界 華嚴會上 八部四王衆

지심정례공양 진법계 허공계 화엄회상 호법선신중
至心頂禮供養 眞法界 虛空界 華嚴會上 護法善神衆

원제천룡팔부중 위아옹호불이신
願諸天龍八部衆 爲我擁護不離身

어제난처무제난 여시대원능성취
於諸難處無諸難 如是大願能成就

고아일심 귀명정례
故我一心 歸命頂禮

*상단에 금강회상의 석가여래 화현인 대예적금강성자大穢蹟金剛聖子와 주문을 호지하고 불법을 수호하는 팔금강과 동서사방을 지키는 네 보살과 여래가 제도하기 어려운 중생을 제도하기 위해 분노하는 모습을 나타낸 10대 명왕이 있고, 중단에 도리회상의 제석천왕과 사대천왕·금강밀적·비사문천왕·위태천의 천신과 사가라용왕·염라대왕·자미대제·북두칠원성군을 비롯한 팔부신중이 자리하고, 하단에 옹호회상의 호계대신·복덕대신·토지신·도량신·가람신·조왕·산신·수신·화신·금신·목신·토신 등이 있다.

온 법계 허공계에 가득한 화엄회상의 욕계 색계 모든 하늘 성중님들께 지극한 마음으로 공양을 올립니다.
온 법계 허공계에 가득한 화엄회상의 사천왕과 팔부의 성중님들께 지극한 마음으로 공양을 올립니다.
온 법계 허공계에 가득한 화엄회상의 불법을 옹호하는 선한 성중님들께 지극한 마음으로 공양을 올립니다.
모든 천룡들과 팔부의 성중님들이 우리들의 몸에서 떨어지지 않고 옹호하심에 어떠한 어려운 일 만나도 아무 어려움 없게 하시며 이와 같이 큰 원이 능히 성취되게 하시오니, 저희들이 한마음 모아 신명을 다하여 귀의하고 정례 올립니다.

아침종송(朝禮鍾頌)

원차종성변법계 철위유암실개명 삼도이고파도산
願此鍾聲遍法界　鐵圍幽暗悉皆明　三途離苦破刀山

일체중생성정각 나무비로교주 화장자존
一切衆生成正覺　南無毘盧教主　華藏慈尊

연보게지금문 포낭함지옥축 진진혼입 찰찰원융
演寶偈之金文　布琅函之玉軸　塵塵混入　刹刹圓融

십조구만오천사십팔자 일승원교 대방광불화엄경
十兆九萬五千四十八字　一乘圓教　大方廣佛華嚴經

제일게
第一偈

약인욕요지 삼세일체불 응관법계성 일체유심조
若人欲了知　三世一切佛　應觀法界性　一切唯心造

파지옥진언(破地獄眞言)

『나모 아따 시지남 삼먁 삼못다 구치남
　옴 아자나 바바시 지리지리 훔』

【아침 종송 예문】 ＊먼저 개경게와 개법장진언을 한다.

원컨대 이 종소리 법계에 두루하여 철위산의 깊고 어두운 무간지옥 밝아지며 지옥·아귀·축생의 고통 일체를 여의옵고 도산지옥 무너지며 모든 중생 바른 깨달음 이루어지이다. 비로자나 교주이시며 화장세계의 자존께서 보게의 금문 연설하시고 낭함의 옥축을 펴신 티끌과 티끌이 혼융하고 찰토와 찰토가 원융무애한 십조구만오천사십팔 자의 일승원교인 화엄경에 귀의하옵니다.

제일게.

사람이 삼세일체 부처님을 온전히 알고자 할진대 응당 법계의 성품을 관하라. 일체가 오직 마음으로 지은 것이다.

【지옥을 파하는 진언】

「나모 아타 시지남 삼먁 삼못다 구치남 옴 아자나 바바시 지리지리 훔」 (세번)

장엄염불(莊嚴念佛)

원아진생무별념 아미타불독상수 심심상계옥호광
願我盡生無別念 阿彌陀佛獨相隨 心心常係玉毫光

염념불이금색상 아집염주법계관 허공위승무불관
念念不離金色相 我執念珠法界觀 虛空爲繩無不貫

평등사나무하처 관구서방아미타
平等舍那無何處 觀求西方阿彌陀

나무서방대교주 무량수여래불
南無西方大校主 無量壽如來佛

나무아미타불 (열번)
南無阿彌陀佛

극락세계십종장엄
極樂世界十種莊嚴

법장서원수인장엄 사십팔원원력장엄
法藏誓願修因莊嚴 四十八願願力莊嚴

미타명호수광장엄 삼대사관보상장엄
彌陀名號壽光莊嚴 三大士觀寶像莊嚴

나무아미타불
南無阿彌陀佛

【장엄염불】

나는 이 생 다하도록 다른 생각 없이 오로지 아미타불 따르리다. 마음 마음을 항상 옥호광명에 두며, 생각 생각마다 금색상호 여의지 아니하리다. 내가 염주를 들고 법계를 관찰하매 허공을 끈 삼아 줄로 꿰이지 않음이 없음이라. 평등한 노사나불 어느 곳엔들 안 계시리요만, 서방의 아미타불을 관하여 구하고자 서방정토의 대 교주이신 무량수불께 귀의하나이다. 나무아미타불 (열번)

【극락세계 십종장엄】

극락세계는 법장비구 원을 세워, 인과 행 닦아 장엄하니 마흔여덟 가지 크나큰 원력 또한 거룩하네. 아미타불 명호는 무한광명 무한생명 장엄하니 세 분 스승 큰 성인의 지혜와 보배 상호 거룩하옵시고, 그분들이 있는 곳은 편안하고 장엄하네.

미타국토안락장엄　보하청정덕수장엄
彌　陀　國　土　安　樂　莊　嚴　　寶　河　淸　淨　德　水　莊　嚴

보전여의누각장엄　주야장원시분장엄
寶　殿　如　意　樓　閣　莊　嚴　　晝　夜　長　遠　時　分　莊　嚴

이십사락정토장엄　삼십종익공덕장엄
二　十　四　樂　淨　土　莊　嚴　　三　十　種　益　功　德　莊　嚴

나무아미타불
南　無　阿　彌　陀　佛

석가여래팔상성도
釋　迦　如　來　八　相　成　道

도솔내의상　비람강생상　사문유관상　유성출가상
兜　率　來　儀　相　　毘　藍　降　生　相　　四　門　遊　觀　相　　踰　城　出　家　相

나무아미타불
南　無　阿　彌　陀　佛

설산수도상　수하항마상　녹원전법상　쌍림열반상
雪　山　修　道　相　　樹　下　降　魔　相　　鹿　苑　轉　法　相　　雙　林　涅　槃　相

나무아미타불
南　無　阿　彌　陀　佛

맑고 맑은 보배로운 강물은 청정하게 흘러가고 극락보전 누각들은 여의주로 장엄하고
화려하게 빛나네. 낮과 밤이 길고 길어 언제나 편안한 시간으로 장엄하며, 스물네 가지
즐거움이 극락정토 장엄하여 항상 넘치네. 서른 가지로 중생을 이익케 하니 그 공덕세계
장엄했네.
아미타불이시여, 이 귀의를 받아주소서.

【석가여래 팔성성도】
도솔천상에서 코끼리로 내려오시어 마야부인 품에 들어 사월 팔일 룸비니에서 왕자되어
탄생하셨네. 사대문을 둘러보고 중생고통 인생의 생로병사 아신 뒤 이월 팔일 성을
떠나 진리를 찾아 출가하셨네. 나무아미타불.
육년 동안 고행 수도하여 마침내 깨달음 이루어 대사문이 되었네. 설산고행 이겨내어
범부경지 넘으시고 납월 팔일 성도하니 모든 마군 조복 받고, 녹야원 설법으로 중생구제
시작하고 평생을 전법에 힘쓰다가 이월보름 복된 날에 쌍림에서 열반에 드셨네. 나무아미
타불.

다생부모십종대은
多生父母十種大恩

회탐수호은 임산수고은 생자망우은 연고토감은
懷耽守護恩　臨産受苦恩　生子忘憂恩　咽苦吐甘恩

회간취습은　　나무아미타불
廻乾就濕恩　　南無阿彌陀佛

유포양육은 세탁부정은 원행억념은 위조악업은
乳哺養育恩　洗濯不淨恩　遠行憶念恩　爲造惡業恩

구경연민은　　나무아미타불
究竟憐愍恩　　南無阿彌陀佛

오종대은명심불망
五種大恩銘心不忘

각안기소국왕지은 생양구로부모지은
各安其所國王之恩　生養劬勞父母之恩

유통정법사장지은 사사공양단월지은
流通正法師長之恩　四事供養檀越之恩

탁마상성붕우지은 당가위보유염불 나무아미타불
琢磨相成朋友之恩　當可爲報唯念佛　南無阿彌陀佛

【다겁 다생의 양친 부모 열 가지 큰 은혜】

어미님의 대중에 품이 목숨 걸고 보호하여 주신 은혜, 낳으실 때 심한 고통 참아내어 견딘 은혜, 갓난아기 낳은 뒤에 모든 근심 잊은 은혜, 쓴것 골라 자기 먹고 단것 찾아 먹인 은혜, 젖은 자리 갈아주고 마른자리 뉘신 은혜, 나무아미타불. 젖과 밥과 약으로써 양육하여 주신 은혜, 더러운 것 싫다않고 갈아주고 씻긴 은혜, 길 떠나면 올 때까지 걱정하며 애쓴 은혜, 자식 위해 몹쓸 짓도 마다않고 행한 은혜, 장성해도 한결같이 사랑하여 주신 은혜, 나무아미타불.

【명심하여 잊지 못할 다섯 가지 큰 은혜】

맑은 물과 깨끗한 땅 베풀어준 나라 은혜, 고통 속에 낳아 기른 하늘같은 부모 은혜, 부처님의 바른 법을 전해주신 스승 은혜, 의식주의 어려움을 돌봐주는 보시와 시주 은혜, 갈고 닦고 이끌어서 성공케 한 친구 은혜, 이 은혜들을 갚는 길은 오직 염불뿐입니다. 나무아미타불.

장엄염불(莊嚴念佛) 후렴

청산첩첩미타굴 창해망망적멸궁
靑 山 疊 疊 彌 陀 窟 　滄 海 茫 茫 寂 滅 宮

물물염래무괘애 기간송정학두홍
物 物 念 來 無 罣 碍 　幾 看 松 亭 鶴 頭 紅

나무아미타불
南 無 阿 彌 陀 佛

극락당전만월용 옥호금색조허공
極 樂 堂 前 滿 月 容 　玉 毫 金 色 照 虛 空

약인일념칭명호 경각원성무량공
若 人 一 念 稱 名 號 　頃 刻 圓 成 無 量 功

나무아미타불
南 無 阿 彌 陀 佛

삼계유여급정륜 백천만겁역미진
三 界 猶 如 汲 井 輪 　百 千 萬 劫 歷 微 塵

차신불향금생도 갱대하생도차신
此 身 不 向 今 生 度 　更 待 何 生 度 此 身

나무아미타불
南 無 阿 彌 陀 佛

【장엄염불 후렴】

겹겹으로 푸른 산은 아미타불 법당이요 아득하게 넓은 바다는 적멸의 궁전 도량이네. 일체 만물은 보는 마음 따라 자재하며 서로 걸림이 없는데 소나무 위 머리 붉은 학을 몇 번이나 보았는가. 나무아미타불.

극락세계 저 보궁의 만월 같은 아미타불, 금빛의 몸 백호광명 온누리를 비추시네. 누구든지 아미타불 일념으로 불러보면 찰나지간에 무량공덕 뚜렷하게 이루리라. 나무아미타불.

삼계윤회 돌고 돌음은 우물가 두레박과 꼭 같아서 백천만겁 지내오길 티끌처럼 많이 했네. 이번 생을 의지해서 깨달음을 못 얻으면 어느 생에 다시 태어나서 이 몸뚱이 제도하리. 나무아미타불.

천상천하무여불　　시방세계역무비
世間所有我盡見　　一切無有如佛者

세간소유아진견　　일체무유여불자
世間所有我盡見　　一切無有如佛者

나무아미타불
南無阿彌陀佛

찰진신념가수지　　대해중수가음진
刹塵心念可數知　　大海中水可飮盡

허공가량풍가계　　무능진설불공덕
虛空可量風可繫　　無能盡說佛功德

나무아미타불
南無阿彌陀佛

가사정대경진겁　　신위상좌변삼천
假使頂戴經塵劫　　身爲狀座偏三千

약불전법도중생　　필경무능보은자
若不傳法度衆生　　畢竟無能報恩者

나무아미타불
南無阿彌陀佛

아미타불재하방　　착득심두절막망
阿彌陀佛在何方　　着得心頭切莫忘

천상천하 어느 누가 부처님과 견주리오. 시방세계 둘러봐도 비길 자가 전혀 없고
이 세상의 모든 것을 남김없이 살펴봐도 부처님을 따를 자가 전시간에 하나 없네.
나무아미타불.

시방세계 모든 먼지 몇 개인가 헤아리고 큰 바다의 많은 물을 남김없이 들이키며
저 허공의 크기 재고 바람 묶는 재주라도 부처님의 크신 공덕 다 말하지 못한다네.
나무아미타불.

머리 위에 부처 이고 몇 천 겁이 지나도록 이 몸으로 탁상 삼아 온누리를 꽉
채워도 불법 말씀 전하여서 중생제도 않는다면 그는 필경 부처님 은혜를 갚은
이라고 못하리라. 나무아미타불.

아미타불 부처님은 어느 곳에 계시는가. 마음속에 깊이 새겨 한시라도 잊지

염도염궁무념처　　육문상방자금광
念到念窮無念處　　六門常放紫金光

나무아미타불
南無阿彌陀佛

보화비진요망연　　법신청정광무변
報化非眞了妄緣　　法身淸淨廣無邊

천강유수천강월　　만리무운만리천
千江有水千江月　　萬里無雲萬里天

나무아미타불
南無阿彌陀佛

지옥도중　수고중생　문차종성　활연개오
地獄途中　受苦衆生　聞此鍾聲　豁然開悟

아귀도중　수고중생　문차종성　영멸기허
餓鬼道中　受苦衆生　聞此鍾聲　永滅飢虛

축생도중　수고중생　문차종성　지혜명철
畜生途中　受苦衆生　聞此鍾聲　知慧明徹

여시내지　구류중생　문차종성　이고득락
如是乃至　九類衆生　聞此鍾聲　離苦得樂

나무아미타불
南無阿彌陀佛

말라. 생각하고 생각 다해 무념의 세계에 이르면 어느 때나 온몸에서 자색금빛
빛나리라. 나무아미타불.

보신 화신이 참 아니라 노망한 인연인 줄 알고 보면 법신만이 청정하여 크고
넓기 끝이 없네.

일천 개의 강물에는 일천 개의 달이 비치고 일만 리에 구름이 없어 온 하늘이
푸르러라. 나무아미타불.

지옥에서 고통 받는 모든 중생, 이 종소리 듣고 고통 벗어나 모두 깨우침의
인연 얻는 즐거움 얻으소서. 아귀도에 고통 받는 모든 중생, 이 종소리 듣고
춥고 배고픈 고통에서 벗어나는 즐거움 얻으소서.

축생도에서 고통 받는 모든 중생들 이 종소리 듣고 지혜를 받아 밝게 뚫는 즐거움
얻으소서, 수라도에서 고통 받는 모든 중생과 법계에서 헤어나지 못해 고통
받는 모든 사람들 이 종소리 듣고 고통 벗어나 즐거움을 얻으소서. 나무아미타불.

백겁적집죄 일념돈탕제 여화분고초 멸진무유여
百劫積集罪 一念頓湯除 如火焚枯草 滅盡無有餘

나무아미타불
南無阿彌陀佛

귀의대성존 능발삼고도 역원제중생 보입무위락
歸依大聖尊 能拔三苦途 亦願諸衆生 普入無爲樂

나무아미타불
南無阿彌陀佛

세존좌도량 비여천일출 상방대광명 조요대천계
世尊坐道場 譬如千日出 常放大光明 照耀大千界

나무아미타불
南無阿彌陀佛

원공법계제중생 동입미타대원해 진미래제도중생
願共法界諸衆生 同入彌陀大願海 盡未來際度衆生

자타일시성불도 나무아미타불
自他一時成佛道 南無阿彌陀佛

나무서방정토 극락세계 삼십육만억 일십일만
南無西方淨土 極樂世界 三十六萬億 一十一萬

구천오백 동명동호 대자대비 아미타불
九千五百 同名同號 大慈大悲 阿彌陀佛

오랜 세월 쌓인 죄업 한 생각에 없어져서 마른풀을 불태운 듯 흔적조차 없어지이다. 나무아미타불.

아미타 대성존에게 귀의하여 삼계의 고통을 길이 제도하며 능히 구원하고자 하나이다. 원하오니 모든 중생 가이 없는 즐거운 행복에 들어가게 하소서. 나무아미타불. 세존께서는 도량에 앉아 계시고 청정한 대 광명을 놓으시네. 비교하건대 마치 천 개의 해가 뜨는 것 같이 대천세계를 밝게 비추시네. 나무아미타불. 원하노니 시방법계 한량없는 모든 중생 아미타불의 원력 바다에 모두 함께 들어가서 미래세가 다하도록 중생 구제 함께하고 모든 중생 너나없이 무상불도 이루어보세. 나무아미타불. 서방정토 극락세계 항상 계신 삼십육만억 일십일만 구천오백 개의 같은 이름과 호칭이신 대자대비 아미타불 부처님께 지심귀의 하옵니다.

나무서방정토 극락세계 불신장광 상호무변
南無西方淨土 極樂世界 佛身長廣 相好無邊

금색광명 변조법계 사십팔원 도탈중생 불가설
金色光明 邊照法界 四十八願 度脫衆生 不可說

불가설전 불가설 항하사 불찰미진수
不可說轉 不可說 恒河沙 佛刹微塵數

도마죽위 무한극수 삼백육십만억 일십일만
稻麻竹葦 無限極數 三百六十萬億 一十一萬

구천오백 동명동호 대자대비 아등도사 금색여래
九千五百 同名同號 大慈大悲 我等導師 金色如來

아미타불
阿彌陀佛

시방삼세불 아미타제일 구품도중생 위덕무궁극
十方三世佛 阿彌陀第一 九品度衆生 威德無窮極

아금대귀의 여불도일체
我今大歸依 如佛度一切

범유제복선 지심용회향 원동염불인 진생극락국
凡有諸福善 至心用回向 願同念佛人 塵生極樂國

견불요생사 여불도일체
見佛了生死 如佛度一切

서방정토 극락세계 항상 계신 상호무변 장엄하신 부처님 몸 한량없는 상호로써 금빛 광명 발하시어 법계에 두루 비추시고, 사십팔원 세우시며, 모든 중생 건지실 제 불가설 크나크신 그 은혜는 헤아리기 어려웁고, 항하사의 불국토는 세치 혀로는 세지도 못할 미진수의 부처세계 무수하며 무한한 수 그 마지막 끝의 수인 삼백육십 만억 일십일만 구천오백 분의 같은 이름과 호칭의 대자대비 우리들의 큰 스승인 아미타불 부처님께 지심귀의 하옵니다. 시방삼세 부처님 중에 아미타불이 첫째시라. 구품으로 중생을 제도하고 위신의 덕 끝내 다함없네. 그래서 이제 나는 부처님이 제도하듯이 일체의 중생을 제도하는 길에 귀의합니다. 이제 내가 귀의하여 삼업의 죄를 참회하며, 모든 복덕 모든 선행 지심으로 회향하리. 염불하는 사람마다 극락 천국에 태어나고, 아미타불을 친견한 후에 생사의 경계를 깨달아서 부처님이 제도하듯이 일체의 중생을 건지리라. 원하노니

원아임욕명종시 진제일체제장애
願我臨欲命終時　盡除一切諸障碍

면견피불아미타 즉득왕생안락찰
面見彼佛阿彌陀　卽得往生安樂刹

원이차공덕 보급어일체 아등여중생
願以此功德　普及於一切　我等如衆生

당생극락국 동견무량수 개공성불도
當生極樂國　同見無量壽　皆共成佛道

이 목숨이 마치는 때 임하면 일체 모든 장애들이 모두 함께 없어지며 극락세계의
무량광명이신 아미타불 친견하고, 그 즉시 극락 천국에 왕생함이 소원일세.
이와 같이 공덕들이 온 법계에 두루 나타내어 보여, 나와 모든 중생들이 극락
천국에 태어나고 무량수불 함께 뵙고 모두 성불하여지다.

화엄경 약찬게(華嚴經 略纂偈)

대방광불화엄경	용수보살약찬게	나무화장세계해
大方廣佛華嚴經	龍樹菩薩略纂偈	南無華藏世界海
비로자나진법신	현재설법노사나	석가모니제여래
毘盧庶那眞法身	現在說法盧舍那	釋迦牟尼諸如來
과거현재미래세	시방일체제대성	근본화엄전법륜
過去現在未來世	十方一切諸大聖	根本華嚴轉法輪
해인삼매세력고	보현보살제대중	집금강신신중신
海印三昧勢力故	普賢菩薩諸大衆	執金剛神身衆神
족행신중도량신	주성신중주지신	주산신중주림신
足行神衆道場神	主城神衆主地神	主山神衆主林神
주약신중주가신	주하신중주해신	주수신중주화신
主藥神衆主稼身	主河神衆主海神	主水神衆主火神
주풍신중주공신	주방신중주야신	주주신중아수라
主風神衆主空神	主方神衆主夜神	主晝神衆阿修羅
가루라왕긴나라	마후라가야차왕	제대용왕구반다
迦樓羅王緊那羅	摩睺羅伽夜叉王	諸大龍王鳩槃茶
건달바왕월천자	일천자중도리천	야마천왕도솔천
乾達婆王月天子	日天子衆忉利天	夜摩天王兜率天

화엄경 약찬게

대방광불화엄경은 용수보살이 간략히 엮어 찬탄한 노래이다. 바다와 같이 다함이 없는 화장세계의 비로자나 부처님의 참된 법신과 현재를 설법하시는 노사나불, 석가모니불, 제불께 귀의하오니, 과거 현재 미래세의 시방세계의 모든 성인들께서 근본인 화엄 법의 바퀴 굴리는 것은 해인 삼매 다함이 없는 힘 때문이라네.

1) 화엄회상의 여러 대중들

보현보살 큰 성인의 여러 대중인 집금강신 신중신과 족행신 무리 도량신과 성의 신과 땅의 여러 신 산의 신과 숲의 신과 악의 신 무리 곡식신과 강신과 바다신의 신들 물의 신과 불의 신과 바람의 신들 허공신과 방위신과 밤의 여러 신 낮의 신과 아수라와 가루라왕과 긴나라와 마후라가 야차신의 왕 여러 용왕 구반다와 건달바왕 월천자와 일천자와 그리고 무리 야마천왕 도리천 도솔천

화락천왕타화천　대범천왕광음천　변정천왕광과천
化樂天王他化天　大梵天王光音天　遍淨天王廣果天

대자재왕불가설　보현문수대보살　법혜공덕금강당
大自在王不可說　普賢文殊大菩薩　法慧功德金剛幢

금강장급금강혜　광염당급수미당　대덕성문사리자
金剛藏及金剛慧　光焰幢及須彌幢　大德聲聞舍利子

급여비구해각등　우바새장우바이　선재동자동남녀
及與比丘海覺等　優婆塞長優婆夷　善財童子童男女

기수무량불가설　선재동자선지식　문수사리최제일
其數無量不可說　善財童子善知識　文殊舍利最第一

덕운해운선주승　미가해탈여해당　휴사비목구사선
德雲海運善住僧　彌伽解脫與海幢　休舍毘目瞿沙仙

승열바라자행녀　선견자재주동자　구족우바명지사
勝熱婆羅慈行女　善見自在主童子　具足優婆明智士

법보계장여보안　무염족왕대광왕　부동우바변행외
法寶界長與普眼　無厭足王大光王　不動優婆遍行外

우바라화장자인　바시라선무상승　사자빈신바수밀
優婆羅華長者人　婆施羅船無上勝　獅子嚬伸婆須密

비실지라거사인　관자재존여정취　대천안주주지신
毘瑟祇羅居士人　觀自在尊與正趣　大天安住主地神

화락천왕과 타화천 대범천왕 광음천 변정천과 광과천 대자재왕들 이루 다 말할 수가 없으며, 보현 문수 큰 보살과 법혜보살 공덕보살 금강당보살 금강장보살 금강혜보살 광염당보살 수미당보살과 대덕인 성문 사리자, 그리고 비구인 해각등과 우바새와 우바이 선재동자와 동남동녀들 그 숫자 한량없어 말할 수 없네.

2) 53인의 선지식 스승

선재동자와 선지식들 중 문수사리 보살이 으뜸이니, 덕운 해운 선주승과 미가대사, 해탈 장자 해당 비구와 휴사 우바이 비목구사 선인과 승열 바라문 자행동녀, 선견 비구 자재주 동자, 구족 우바이 명지거사, 법보계 장자와 보안 장자, 무염족왕 대광왕 부동녀와 변행외도 우발라화 장자, 바시라의 뱃사람과 무상승 장자 사자빈신 비구니와 바수밀다녀, 비실지라 거사와 관자재보살 정취보살 대천신과 땅의 신

바산바연주야신　보덕정광주야신　희목관찰중생신
婆珊婆演主夜神　普德淨光主夜神　喜目觀察衆生神

보구중생묘덕신　적정음해주야신　수호일체주야신
普救衆生妙德神　寂靜音海主夜神　守護一切主夜神

개부수화주야신　대원정진력구호　묘덕원만구바녀
開敷樹華主夜神　大願精進力救護　妙德圓滿瞿婆女

마야부인천주광　변우동자중예각　현승견고해탈장
摩耶夫人天主光　遍友童子衆藝覺　賢勝堅固解脫長

묘월장자무승군　최적정바라문자　덕생동자유덕녀
妙月長者無勝軍　最寂靜婆羅門者　德生童子有德女

미륵보살문수등　보현보살미진중　어차법회운집래
彌勒菩薩文殊等　普賢菩薩微塵衆　於此法會雲集來

상수비로자나불　어련화장세계해　조화장엄대법륜
常隨毗盧遮那佛　於蓮華藏世界海　造化莊嚴大法輪

시방허공제세계　역부여시상설법　육육육사급여삼
十方虛空諸世界　亦復如是常說法　六六六四及與三

일십일일역부일　세주묘엄여래상　보현삼매세계성
一十一一亦復一　世主妙嚴如來相　普賢三昧世界成

화장세계노사나　여래명호사성제　광명각품문명품
華藏世界盧舍那　如來名號四聖諸　光明覺品問明品

바산바연 주야신과 보덕정광주야신과 기쁨의 눈으로 중생 살펴 주는 신, 널리 중생을 구하는 묘한 덕을 지닌 신과 고요한 소리 바다 야신, 일체를 수호해 주는 야신과 나무 아래 꽃자리를 간 야신, 대원 정진의 힘으로 중생 건지는 신, 묘덕 원만한 신, 샤카족 구바녀 야마 부인과 왕녀인 천주광과 변우 동자와 중예 동자, 현승 우바이 견고 해탈장자 묘월 장자 무승군 장자, 최고 정진 바라문 덕생동자 유덕동녀, 미륵보살 문수보살 보현보살 등 미진수와 같이 많은 보살대중이 이 법회에 구름처럼 모여들어서 항상 비로자나 부처님 따라 바다 같은 연화장세계 가운데 큰 법륜을 장엄하게 조화해 주며 시방허공 한량없는 여러 세계에 또다시 이처럼 법을 설하네.

3) 7처 9회 39품

일곱 장소에서 아홉 차례에 걸쳐 39품을 설법하시니, 세주묘엄품 여래현상품 보현삼매품 세계성취품 화장세계품 비로자나품 여래명호품 사성제품 광명각품,

정행현수수미정 수미정상게찬품 보살십주범행품
淨行賢首須彌頂 須彌頂上偈讚品 菩薩十住梵行品

발심공덕명법품 불승야마천궁품 야마천궁게찬품
發心功德明法品 佛昇夜摩天宮品 夜摩天宮偈讚品

십행품여무진장 불승도솔천궁품 도솔천궁게찬품
十行品與無盡藏 佛昇兜率天宮品 兜率天宮偈讚品

십회향급십지품 십정십통십인품 아승지품여수량
十回向及十地品 十定十通十忍品 阿僧祇品與壽量

보살주처불부사 여래십신상해품 여래수호공덕품
菩薩住處佛不思 如來十身相海品 如來隨好功德品

보현행급여래출 이세간품입법계 시위십만게송경
普賢行及如來出 離世間品入法界 是爲十萬偈頌經

삼십구품원만교 풍송차경신수지 초발심시변정각
三十九品圓滿敎 諷誦此經信受持 初發心時便正覺

안좌여시국토해 시명비로자나불 화엄성중혜감명
安坐如是國土海 是名毘盧遮那佛 華嚴聖衆慧鑑明

사주인사일념지 애민중생여적자 시고아금공경례
四州人事一念知 哀愍衆生如赤子 是故我今恭敬禮

대방광불화엄경 용수보살약찬게 (세번)
大方廣佛華嚴經 龍樹菩薩略纂偈

보살 문명품, 정행품과 현수품 승수미정상품, 수미정상 게찬품과 보살 십주품 범행품, 발신 공덕품과 명법품 불승 야마천궁품, 야마천궁 게찬품 십행품과 무진장품, 불승 도솔천궁품과 도솔천궁 게찬품, 십회양품 십지품 십정품 십통품 십인품, 아승지품 수량품 보살주처품 불부사의품, 여래 십산상해품 여래 수호공덕품, 보현행품 여래 출현품 이세간품 입법계품, 이는 10만의 노래와 39품으로 된 최상의 원만한 가르침이라네.

4) 화엄경의 공덕

이 경을 읽고 외고 믿어 첫 마음 낼 때가 곧 성불할 때이니,
이와 같은 국토에 편히 앉으면 그 이름이 비로자나 부처님이라네.
'대방광불화엄경'은 용수보살이 간략히 엮은 게송이니라.
『대방광불화엄경 용수보살 약찬게』 (세번)

화엄경의 주요 사상 해설
나무 일승원교 대방광불화엄경
南無 一乘圓敎 大方廣佛華嚴經

일승의 완전하고 원만한 가르침인 화엄경에 머리 숙여 진심으로 귀의 의지합니다. '화엄경 약찬게'는 〈대방광불화엄경〉을 용수보살이 간략하게 찬탄한 게송이다. 용수보살은 불멸후 6~7백년경(B.C 2~3세기) 인도의 대승 불교를 크게 발전시킨 승려이다. 화엄경에 나오는 화엄의 중심사상을 살펴보면 다음과 같이 요약되고, 설명은 발췌한 자료이다.

1. 연기緣起·성기性起의 가르침이 있다. 법계의 연기사상은 사법계와 10무진 연기로 설명한다.

2. 초심이 곧 정각이다. 초발심시 변정각은 범행품과 초발심공덕품의 초심성불, 십주성불, 십지성불 등에서 나온다. 이는 언제 어느 지위에서나 성불이 가능하다는 돈오頓悟의 가르침이다.

3. 일승보살도는 육바라밀과 10바라밀을 통해 행한다. 선재동자의 구법행은 53 선지식을 통한 구법행과 사부대중의 보살도 실천을 강조한다. 수행단계는 10신·10주·10행·10회향·10지·등각·묘각 순서이다.

4. 평등의 가르침이 있다. 심불급중생시삼무차별心佛及衆生是三無差別은 '모두가 부처님이다'라는 사상을 가진다.
53 선지식 가운데 다양한 선지식이 등장하고, 중생이 바로 여래, 즉 부처님으로 출현함을 설명한다.
이러한 보살행은 화엄경 이세간품에서 10보행심十普賢心 가운데 "대비심大慈心을 발함은 모든 중생을 구제하고 보호하기 위함이며(救護一切衆生故), 대비심을 발함은 모든 중생을 대신하여 고통을 받기 때문이다(代一切衆生受苦故)"라고 하였다. 이처럼 보살의 자비심은 중생을 구호할 뿐만 아니라 중생의 고통을 대신하여 받아주는 경지에까지 이른다. 참으로 깊은 자비심의 발로요 감동적인 장면이다.

5. 원융 · 원만 · 조화의 가르침이 있다. 신라시대에도 화쟁和諍이었던 '일즉일체다즉일'은 모두(一切: 전체)가 하나의 개인이며, 하나가 바로 모두이다. '일미진중함시방'은 티끌 속에도 우주가 있고 우주는 티끌들의 집합체라는 현대 과학에서 본 우주의 기원에 관한 설명과 부합한다. 그러므로 아무리 미세한 티끌 같은 세상이라도 그 속에 우주 원리가 충만해 있다. 이러한 사상은 국가와 국민, 통치자와 민중, 노동자와 사업자의 관계를 평등과 융화의 관점에서 화합시키고 평등사상을 제공하는 단서가 된다.

6. 대신해서 고통을 받는 자비로우신 부처님을 설명한다. 화엄경에는 보살이 중생을 대신하여 큰 고통을 받는다는 대수고代受苦의 정신이 들어 있다.

7. 총체적인 관점의 제시가 있다. 총섭제행總攝諸行과 만법귀일萬法歸一에서 보여 주듯이, 진리의 세계인 법계法界에 들어감에는 부처님과 중생을 차별하지 않고 모두 하나로 보는 가르침을 가진 경전이다. 따라서 일체중생은 본래 부처님이었기 때문에 본래의 제자리로 찾아가게 하는 것이 '화엄법계'의 가르침이요, 그것을 체득하여 법계에 들어가는 것이 '입법계'이다. 즉, 만물의 근원이며 본래 고향인 법계를 깨달아 가는 것이 곧 부처님의 가르침이다.

● **용수보살의 육통六通과 삼명三明(초인적인 신비한 힘)**

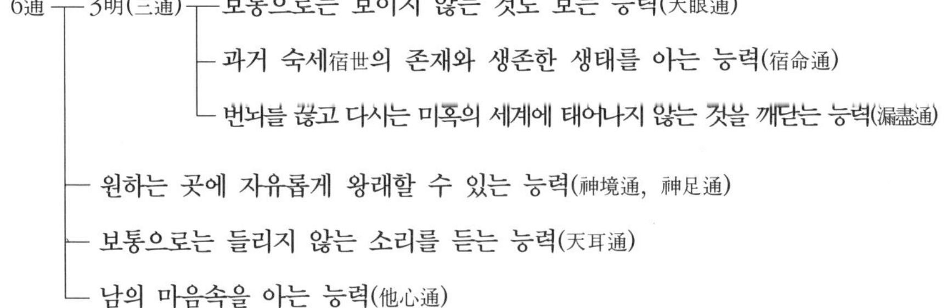

법화경 약찬게

法 華 經 略 纂 偈

| 일승묘법연화경 | 보장보살약찬게 | 나무화장세계해 |
| 一 乘 妙 法 蓮 華 經 | 寶 藏 菩 薩 略 纂 偈 | 南 無 華 藏 世 界 海 |

| 왕사성중기사굴 | 상주불멸석가존 | 시방삼세일체불 |
| 王 舍 城 中 耆 闍 崛 | 常 住 不 滅 釋 迦 尊 | 十 方 三 世 一 切 佛 |

| 종종인연방편도 | 항전일승묘법륜 | 여비구중만이천 |
| 種 種 因 緣 方 便 道 | 恒 轉 一 乘 妙 法 輪 | 與 比 丘 衆 萬 二 千 |

| 누진자재아라한 | 아야교진대가섭 | 우루빈나급가야 |
| 漏 盡 自 在 阿 羅 漢 | 阿 若 憍 陳 大 迦 葉 | 優 樓 頻 那 及 伽 耶 |

| 나제가섭사리불 | 대목건련가전연 | 아노루타겁빈나 |
| 那 提 迦 葉 舍 利 弗 | 大 目 犍 連 伽 栴 延 | 阿 㝹 樓 馱 劫 賓 那 |

| 교범바제이바다 | 필릉가바박구라 | 마하구치라난타 |
| 憍 梵 婆 提 離 婆 多 | 畢 陵 伽 婆 縛 拘 羅 | 摩 訶 拘 絺 羅 難 陀 |

| 손타라여부루나 | 수보리자여아난 | 나후라등대비구 |
| 孫 陀 羅 與 富 樓 那 | 須 菩 提 者 與 阿 難 | 羅 睺 羅 等 大 比 丘 |

| 마하바사바제급 | 나후라모야수다 | 비구니등이천인 |
| 摩 訶 婆 闍 婆 提 及 | 羅 睺 羅 母 耶 輸 陀 | 比 丘 尼 等 二 千 人 |

법화경 약찬게

오직 하나 일불승의 실상묘법 연화경을 보장보살이 간략하게 게송으로 찬탄하니, 연꽃으로 잘 꾸며진 화장장엄 세계바다 왕사성중 기사굴산 다른 이름 영축산에 늘 머물러 불멸하신 석가모니 부처님과 시방삼세 부처님께 지성으로 귀의하니, 가지가지 인연들과 가지가지 방편으로 일승묘법 진리바퀴 영원토록 굴리소서. 일만이천 비구대중이 부처님과 함께하니 번뇌 녹아 자재하고 공부 마친 대아라한 5비구의 아야 교진여 두타제일 마하가섭 삼형제로 우루빈나 가야가섭 나제가섭, 부처님의 양대제자 지혜제일 사리불과 신통제일 목건련이 부처님을 시위하고, 논의제일 가전연과 지혜 눈의 아노루타, 천문학자 겁빈나와 소신공양 교범바제, 욕심 없는 이바다와 필릉가바 함께 하고, 무병장수 박구라와 설득 귀재 구치라와 이복동생 난타존자 손타라와 부루나와 해공제일 수보리와 다문제일 아난다와 밀행제일 라홀라 등 큰비구들 함께 하고, 마하파사 파제니는 육천 권속 함께 하고, 라홀라의 모친으로 야수다라 비구니는 이천 권속 함께 하니 모두 합해 팔천이라. 마하살 중 팔만 인은 불퇴전의 보살이니, 문수사리 지혜보살과 관세음은 자비보살, 큰세력의 득대세와 끄기없는 상정진, 쉼 없는 불휴식

마하살중팔만인　문수사리관세음　득대세여상정진
摩訶薩衆八萬人　文殊師利觀世音　得大勢與常精進

불휴식급보장사　약왕용시급보월　월광만월대력인
不休息及寶掌士　藥王勇施及寶月　月光滿月大力人

무량역여월삼계　발타바라미륵존　보적도사제보살
無量力與越三界　跋陀婆羅彌勒尊　寶積導師諸菩薩

석제환인월천자　보향보광사천왕　자재천자대자재
釋提桓因月天子　寶香寶光四天王　自在天子大自在

사바계주범천왕　시기대범광명범　난타용왕발난타
娑婆界主梵天王　尸棄大梵光明梵　難陀龍王跋難陀

사가라왕화수길　덕차아나바달다　마나사용우바라
娑伽羅王和修吉　德叉阿那婆達馱　摩那斯龍優婆羅

법긴나라묘법왕　대법긴나지법왕　악건달바악음왕
法緊那羅妙法王　大法緊那持法王　樂乾闥婆樂音王

미건달바미음왕　바치가라건타왕　비마질다라수라
美乾闥婆美音王　婆稚佉羅乾陀王　毗摩質多羅修羅

나후아수라왕등　대덕가루대신왕　대만가루여의왕
羅睺阿修羅王等　大德迦樓大身王　大滿迦樓如意王

위제희자아사세　각여약간백천인　불위설경무량의
偉提希子阿闍世　各與若干百千人　佛爲說經無量義

보살, 보장보살 함께하고 약왕보살 용시보살 보월보살 월광보살 만월보살 대력보살이 법회에
모여들고, 큰힘 가진 무량력과 무심행자 월삼계와 발타바라보살이며, 도솔천주 미륵보살
보적보살 도사보살이며, 석제환인 그의 권속 이만천자 함께하고 명월천자 보향천자 보광천자
사천왕이 일만권속 함께하며, 자재천자 대자재천이 삼만권속 함께하고 사바계주 범천왕인
시기대범 광명대범 일만이천 권속이라. 여덟용왕 있었으니 난타용왕 발난타와 사갈라왕
화수길과 덕차가와 아나바달 마나사왕 우발라로 그들 각기 백천권속 서로 이끌어서 법화회상
모여들고, 법긴나라 묘법긴나 대법긴나 지법긴나 각기 백천권속으로 삼삼오오 모여들며,
악건달바 악음왕과 미건달바 미음왕이 그들 각기 백천권속 손을잡고 모여들고, 바치수라
거라수라 비마질다 나후수라 이들의 사대 아수라왕 백천권속 함께하며 대덕가루 대신가루
대만가루 여의가루 이들의 사대 가루라왕 백천권속 함께하고, 위제희의 아들로서 마갈타국
아사세왕 백천권속 이끌어 영산회상에 모여드네. 석가모니 부처님이 무량한 경을 설하시려
무량한 장소에 삼매속에 결가부좌 정에 드니, 만다라꽃 대만다라 만수사꽃 대만수사 하늘에서
꽃비오고 여섯 가지 진동하고 사부대중 천룡팔부 사람인듯 아닌 사람 작은 나라 모든 소망

무량의처삼매중 천우사화지육진 사중팔부인비인
無量義處三昧中 天雨四華地六震 四衆八部人非人

급제소왕전륜왕 제대중득미증유 환희합장심관불
及諸小王轉輪王 諸大衆得未曾有 歡喜合掌心觀佛

불방미간백호광 광조동방만팔천 하지아비상아가
佛放眉間白毫光 光照東方萬八千 下至阿鼻上阿迦

중생제불급보살 종종수행불설법 열반기탑차실견
衆生諸佛及菩薩 種種修行佛說法 涅槃起塔此悉見

대중의념미륵문 문수사리위결의 아어과거견차서
大衆疑念彌勒問 文殊師利爲決疑 我於過去見此瑞

즉설묘법여당지 시유일월등명불 위설정법초중후
卽說妙法汝當知 時有日月燈明佛 爲說正法初中後

순일무잡범행상 설응제연육도법 영득아뇩보리지
純一無雜梵行相 說應諦緣六度法 令得阿耨菩提智

여시이만개동명 최후팔자위법사 시시육서개여시
如是二萬皆同名 最後八子爲法師 是時六瑞皆如是

묘광보살구명존 문수미륵기이인 덕장견만대요설
妙光菩薩求名尊 文殊彌勒豈異人 德藏堅滿大樂說

지적상행무변행 정행보살안립행 상불경사수왕화
智積上行無邊行 淨行菩薩安立行 常不輕士宿王華

큰 나라의 전륜왕과 모든 대중 생각하니 전에 없던 일인지라 기쁜 마음 합장하고 부처님을 우러러보네. 석가모니부처님이 미간에 백호광명 놓아 동방으로 일만팔천 넓은 세계 비추시니, 아래로 아비지옥 또한 위로 아가니타 중생들과 부처님과 대승보살마하살이 갖가지로 수행하고 성도하며 설법하고 열반하며 탑세우는 모든 현상 보았어라. 대중들이 의심하고 미륵보살 질문하니 문수사리 법왕자가 의심풀어 대답하되, 내가 과거 무량겁에 이런 상서 있게 되면 묘한 법을 설함을 보았나니 그대들은 필히 알라. 그때에 일월등명부처님이 계셨으며 바른 법을 설하시매 처음 중간 마지막이 순일하여 섞임 없고 깨끗한 행 갖추오니, 인연따라 육도에 생멸하는 법을 설하여 아뇩보리 일체종지 모두 얻게 하시니, 이와 같이 이만 부처같은 이름 일월등명 맨 마지막 여덟 왕자가 모두 법사 되었으니 그때도 육종진동 모두 그와 같았어라. 묘광보살 구명존은 팔백명의 제자를 두니 문수보살 묘광이고 미륵보살 구명일세. 덕장보살 견만보살 대요설의 보살이며 지적보살 상행보살 무변행의 보살이며, 정행보살 안립행과 크신 보살 상불경과 미리내의 별들 왕자 수왕화의 보살이며

일체중생희견인 묘음보살상행의 장엄왕급화덕사
一切衆生喜見人 妙音菩薩上行意 莊嚴王及華德士

무진의여지지인 광조장엄약왕존 약상보살보현존
無盡意與持地人 光照莊嚴藥王尊 藥上菩薩普賢尊

상수삼세시방불 일월등명연등불 대통지승여래불
常隨三世十方佛 日月燈明燃燈佛 大通智勝如來佛

아촉불급수미정 사자음불사자상 허공주불상멸불
阿閦佛及須彌頂 獅子音佛獅子相 虛空住佛常滅佛

제상불여범상불 아미타불도고뇌 다마라불수미상
帝相佛與梵相佛 阿彌陀佛度苦惱 多摩羅佛須彌相

운자재불자재왕 괴포외불다보불 위음왕불일월등
雲自在佛自在王 壞怖畏佛多寶佛 威音王佛日月燈

운자재등정명덕 정화수왕운뢰음 운뢰음수왕화지
雲自在燈淨明德 淨華宿王雲雷音 雲雷音宿王華智

보위덕상왕여래 여시제불제보살 이금당래설묘법
寶威德上王如來 如是諸佛諸菩薩 已今當來說妙法

어차법회여시방 상수석가모니불 운집상종법회중
於此法會與十方 常隨釋迦牟尼佛 雲集相從法會中

점돈신자용녀등 일우등주제수초 서품방편비유품
漸頓身子龍女等 一雨等澍諸樹草 序品方便譬喻品

일체중생 희견인은 최고가는 보살이고 묘음보살 상행의는 다시없는 대승보살, 장엄왕과 화덕보살 묘음품의 보살이고 무진의와 지지보살 보문품의 보살이라 광조장엄 약왕존과 약상보살 보현존은 법화회상 그 가운데 없어서는 안될 보살 시방삼세 부처님을 항상 함께 따르나니 일월등명 시작으로 연등불로 이어지고, 대통지승 여래불과 아촉불과 수미정불 또한 과거 부처로 중생들을 이끄시며, 굵은 음성 사자음불 위엄높은 사자상불 허공중에 머문 부처 번뇌상멸 부처님과 제상불과 범상불과 극락정토 아미타불 세간고뇌 건져주는 도고뇌의 부처님과 전단향의 다마라불 으뜸신통 수미상불 구름처럼 걸림없는 운자재불 자재왕불, 공포부순 괴포외불 갖은 보배 다보불과 위음왕불 일월등명 무량겁전 부처님과 운자재등 부처님과 정명덕왕 부처님과 정화수왕 부처님과 운뢰음왕 부처님과 구름 우레 벽력같은 별들 지혜 수왕화지, 값진 보배 크신 위엄 보위덕상 부처님 등 이와 같은 모든 부처 보살 설법하니 이미설법 지금설법 장차설법 끝없어라. 이 법회에 모인 대중 시방세계 대중들이 석가모니부처님을 항상 따라 배우고자 구름 따라 서로 좇아 법회에 함께하고 사리불은 점법이고 팔세용녀 돈법이나, 같은 비가 모든 수초 동등하게 내리듯 모든 중생 법화행자 평등하게

신해약초수기품　화성유품오백제　수학무학인기품
信解藥草授記品　化城喩品五百弟　授學無學人記品

법사품여견보탑　제바달다여지품　안락행품종지용
法師品與見寶塔　提婆達多與持品　安樂行品從地踊

여래수량분별공　수희공덕법사공　상불경품신력품
如來壽量分別功　隨喜功德法師功　常不輕品神力品

촉루약왕본사품　묘음관음보문품　다라니품묘장엄
囑累藥王本事品　妙音觀音普門品　陀羅尼品妙莊嚴

보현보살권발품　이십팔품원만교　시위일승묘법문
普賢菩薩勸發品　二十八品圓滿敎　是爲一乘妙法門

지품별게개구족　독송수지신해인　종불고생불의부
支品別偈皆具足　讀誦受持信解人　從佛口生佛衣覆

보현보살래수호　마귀제뇌개소제　불탐세간심의직
普賢菩薩來守護　魔鬼諸惱皆消除　不貪世間心意直

유정억념유복덕　망실구게령통리　불구당예도량중
有正憶念有福德　忘失句偈令通利　不久當詣道場中

득대보리전법륜　시고견자여경불　나무묘법연화경
得大菩提轉法輪　是故見者如敬佛　南無妙法蓮華經

영산회상불보살　일승묘법연화경　보장보살약찬게
靈山會上佛菩薩　一乘妙法蓮華經　寶藏菩薩略纂偈

이익얻네. 이십팔품 열거하면 서품방편 비유품과 신해약초 수기품은 일이삼품 사오륙품 화성유품 오백제자 수학무학 칠팔구품 열 번째로 법사품과 열한 번째 견보탑품 열두 번째 제바달다 권지품은 열세 번째 안락행품 종지용출 십사십오품이 되고 여래수량 분별공덕 십육십칠품이면서 수희공덕 법사공덕 십팔십구품이라. 스무 번째 상불경품 스물하나 여래신력 촉루품은 이십이품 약왕본사 이십삼품 관음보살 이십사품 관음보문 이십오품 이십육은 다라니품 이십칠은 묘장엄품 보현보살 권발품이 마무리를 장식하니 일곱권에 이십팔품의 원만한 가르침 아름답네. 이 일승묘법 법화경의 법문으로 지품마다 게송들이 모두모두 구족하니 독송하고 수지하고 믿고 이해하는 사람 말씀에서 출생하고 부처님이 덮어주며 보현보살 다가와서 그를 수호해주고 마귀들의 괴롭힘은 한결같이 사라지고 세간사에 탐착 않고 마음과 뜻을 곧고 올바르게 기억하면 그 복덕이 한량없고 잊고 있던 구절 게송 생생하게 떠오르고 머지않아 법화회상 도량중에 나아가서 큰 보리를 얻게 되고 묘법륜을 굴리나니, 그러므로 만나는 자 여래 불 대접 공경하네. 실상묘법 연화경의 영산회상 불보살님 두손 모아 마음 모아 지성 귀의 하나이다. 오직 하나 일불승의 실상묘법 연화경을 보장보살이 게송으로 찬탄하네.

십념
十念

나무청정법신 비로자나불 원만보신 노사나불
南無淸淨法身 毘盧遮那佛 圓滿報身 盧舍那佛

천백억화신 석가모니불 구품도사 아미타불
千百億化身 釋迦牟尼佛 九品導師 阿彌陀佛

당래하생 미륵존불 시방삼세일체제불 시방삼세
當來下生 彌勒尊佛 十方三世一切諸佛 十方三世

일체존법 대지문수사리보살 대행보현보살
一切尊法 大智文殊舍利菩薩 大行普賢菩薩

대비관세음보살 대원지장보살 제존보살마하살
大悲觀世音菩薩 大願地藏菩薩 諸尊菩薩摩訶薩

마하반야바라밀
摩訶般若波羅密

【열 가지 염원】

영원한 소망을 주시어 모든 중생들을 두루 충만하게 하시는 청정법신 비로자니 부처님과 원만보신 노사나 부처님과 천백억 화신 석가모니 부처님과 구품 도사이신 아미타 부처님과 다음 세상 하강하실 미륵 부처님 등 시방에 항상 계시는 진여 그대로이신 불보와, 일승법의 원만한 교법인 대방광불화엄경과 대승의 실제 가르침 묘법연화경 등 시방에 항상 계신 깊은 법보와, 지혜제일 문수사리보살과 만행이 제일이신 보현보살님과, 고통 받는 인간 큰 자비로 보살펴 주시는 관세음보살님과, 인간에게 인과법을 가르치고 제도하시며 천복이 다한 천상과 지옥중생까지 남김없이 교화하길 크게 서원하신 지장보살님, 부처님의 마음을 전해 받아 낱낱이 티끌세계에 두루 현하시는 불보살이시여! 자비로이 저희를 연민 사랑으로 여겨 도량에 강림하여 반야바라밀의 큰 지혜로 살펴 주옵소서.

관세음보살보문품
觀 世 音 菩 薩 普 門 品

(묘법연화경 제25품)

이시에 **무진의보살**이 **즉종좌기**하고 **편단우견**하며
爾 時　無 盡 意 菩 薩　卽 從 座 起　偏 袒 右 肩

합장향불하고 **이작시언**하시되 **세존**하 **관세음보살**은
合 掌 向 佛　而 作 是 言　世 尊　觀 世 音 菩 薩

이하인연으로 **명관세음**이니까. **불고 무진의보살**하시되
以 何 因 緣　名 觀 世 音　佛 告　無 盡 意 菩 薩

선남자여 **약유무량 백천만억중생**이 **수제고뇌**할때
善 男 子　若 有 無 量　百 千 萬 億 中 生　受 諸 苦 惱

문시 관세음보살하고 **일심칭명**하면 **관세음보살**이
聞 是　觀 世 音 菩 薩　一 心 稱 名　觀 世 音 菩 薩

즉시에 **관기음성**하사 **개득해탈**케하니라.
卽 時　觀 基 音 聲　皆 得 解 脫

약유지 시 관세음보살명자하면 **설입대화**라도
若 有 持 是　觀 世 音 菩 薩 名 者　設 入 大 火

화불능소하리니 **유 시보살**의 **위신력고**이니라.
火 不 能 燒　由 是 菩 薩　威 神 力 故

관세음보살보문품

제1절 온갖 괴로움에서 보살펴 주시다

그때, 무진의보살이 곧 자리에서 일어나 오른쪽 어깨를 드러내고, 부처님을 향해 합장하고 이렇게 아뢰었다. 『세존이시여, 관세음보살은 무슨 인연으로 이름을 관세음이라 하나이까?』 부처님께서 무진의 보살에게 말씀하셨다. 『선남자야, 만약 한량없는 백천만억 수많은 중생이 갖은 고통과 번뇌를 받을 때, 관세음보살이 영험하신 줄 알고 일심으로 기도하며 그 이름을 부른다면, 관세음보살이 즉시 그 음성의 본질을 보고, 모든 고통과 번뇌에서 풀려나 해탈을 얻게 하느니라. 만약 이 관세음보살의 명호를 마음속 깊이 지니면, 그가 설령 큰불 속에 들어갈지라도 불이 태우지 못하리니, 이는 이 보살의 위신력 때문이니라.

약위대수소표라도 칭기명호하면 즉득천처하며
若　爲　大　水　所　標　　　稱　基　名　號　　　卽　得　淺　處

약유백천만억중생이 위구 금은 유리 자거 마노
若　有　白　千　萬　億　衆　生　　　爲　求　金　銀　琉　璃　硨　渠　瑪　瑙

산호 호박 진주등보하여 입어대해할때 가사흑풍이
珊　瑚　琥　珀　眞　珠　等　寶　　　入　於　大　海　　　假　使　黑　風

취기선방하여 표타라찰귀국하여도 기중에
吹　基　船　舫　　　表　墮　羅　刹　鬼　國　　　其　中

약유내지일인이 칭 관세음보살명자하면 시제인등이
若　有　乃　至　一　人　　　稱　觀　世　音　菩　薩　名　者　　　是　諸　人　等

개득해탈라찰지난하리니 이시인연으로 명관세음하느니라.
皆　得　解　脫　羅　刹　之　難　　　以　是　因　緣　　　名　觀　世　音

약부유인이 임당피해하여 칭 관세음보살명자하면
若　復　有　人　　　臨　當　被　害　　　稱　觀　世　音　菩　薩　名　者

피소집도장이 심단단괴하여 이득해탈하며
彼　所　執　刀　杖　　　尋　段　段　壞　　　而　得　解　脫

약삼천대천국토에 만중야차나찰이 욕래뇌인이라도
若　三　千　大　千　國　土　　　滿　中　夜　叉　羅　刹　　　慾　來　惱　人

문기 칭 관세음보살명자하면 시제악귀가
聞　基　稱　觀　世　音　菩　薩　名　者　　　示　諸　惡　鬼

만약 큰물에 표류할 때에도 그 명호를 부르면 곧 얕은 곳에 닿게 되리라. 또한 배천만어이 중생이 금 은 유리 가거 마노 산호 호박 진주 등의 보배를 구하기 위하여 큰 바다에 들어갔을 때, 설령 폭풍이 불어서 그 배가 표류하여 멀리 나찰귀신의 나라에 닿게 되었을지라도 그중에 한 사람이라도 관세음보살의 명호를 부른다면 모든 사람이 나찰귀신의 환난에서 벗어나게 되리라. 이러한 까닭으로 이름을 관세음보살이라 하느니라. 만약 어떤 사람이 해를 입게 될 때에 관세음보살의 명호를 부르면, 그들이 가진 칼과 몽둥이가 조각조각 부서져서 위험에서 벗어나게 되리라. 만약 삼천대천 국토에 가득히 찬 야차와 나찰귀신이 와서 사람을 괴롭히려고 할 때, 관세음보살의 명호 부르는 소리를 들으면 이 모든 악귀가 악의를 품은 눈초리로 이 사람을 쳐다보지도 못할진대, 하물며

상불능이악안으로 시지어든 황부가해아.
尚不能以惡眼　是之　　況復加害

설부유인이 약유죄거나 약무죄거나 추계가쇄로
說服有人　若有罪　　若無罪　　椎械枷鎖

검계기신이라도 칭 관세음보살명자하면 개실단괴하여
檢繫基身　　稱 關世音菩薩名子　皆悉斷壞

즉득해탈하리라. 약삼천대천국토에
卽得解脫　　若三千大千國土

만중원적커든 유일상주 장제상인하여
滿中怨賊　　有一常主 將諸商人

재지중보하고 경과험로할때 기중일인이 작시창언하되,
齋持重寶　　經過險路　　其中一人　作是唱言

제선남자야 물득공포하고 여등은 응당일심으로
諸善男子　勿得恐怖　　汝等　　應當一心

칭 관세음보살명호하라 시보살이 능이무외로
稱 觀世音菩薩名號　是菩薩　能以無畏

시어중생하나니 여등이 약칭명자하면 어차원적에
施於中生　　汝等　若稱名者　　於此怨賊

당득해탈하리라. 중상인이 문하고 구발성언하되
當得解脫　　衆商人　聞　　俱發聲言

해를 입히겠느냐? 가령 또 어떤 사람이 죄가 있거나 죄가 없거나 수갑과 족쇄를
채우고 칼을 씌워 쇠줄로 그 몸을 결박했을지라도 관세음보살의 명호를 부른다면,
다 끊어지고 부서져서 곧 이에서 벗어나리라. 혹은 삼천대천 국토에 사람의
목숨을 해치는 흉한 도적이 가득한데도, 어떤 큰 장사꾼이 여러 상인을 거느리고
귀중한 보물들을 가지고 험한 길을 지나갈 때 그중의 한 사람이 이렇게 외쳐
말하되, '모든 착한 남자여! 겁내고 두려워하지 마시오. 여러분은 응당 한마음으로
관세음보살의 명호를 부르시오. 이 보살은 중생의 두려움을 능히 없애 주시고
우리를 보살펴 주시는 어른이시오. 여러분이 그분의 이름을 부르면 이 흉한
도적에게서 마땅히 벗어날 것이오.' 하여 여러 상인이 이 소리를 듣고 다함께
소리를 내어 '나무관세음보살' 하고 부르게 되면, 그 이름을 부른 까닭으로 곧

나무관세음보살하면 칭기명고로 즉득해탈하리니
南無觀世音菩薩　　稱基明故　　卽得解脫

무진의야 관세음보살마하살의 위신지력이
無盡意　觀世音菩薩摩詞薩　威神支力

외외여시하니라. 약유중생이 다어음욕이라도 상념공경
巍巍如是　　若有衆生　多於淫慾　　常念恭敬

관세음보살하면 편득이욕하고 약다진에라도
觀世音菩薩　　便得離慾　　若多瞋恚

상념공경 관세음보살하면 편득이진하며 약다우치라도
常念恭敬　觀世音菩薩　　便得離瞋　　若多遇痴

상념공경 관세음보살하면 편득이치하리니
常念恭敬　觀世音菩薩　　便得離癡

무진의야 관세음보살이 유여시등 대위신력하여
無盡意　觀世音菩薩　有如是等　大葦神力

다소요익하나니 시고로 중생이 상응 심념하니라.
多所饒益　　是故　衆生　常應　心念

해탈을 얻어 곤란을 벗어나게 되리라. 무진의야, 관세음보살마하살의 위신력이 높고 큼이 이와 같으니라.

또 어떤 중생이 음욕이 많을지라도 항상 관세음보살을 생각하고 공경하면 음욕이 곧 없어지게 되며, 만일 성내는 마음이 많을지라도 항상 관세음보살을 생각하고 공경하면 성내는 마음이 곧 없어지게 되며, 만일 어리석음이 많을지라도 항상 관세음보살을 생각하고 공경하면 어리석음을 곧 여의게 되느니라.

무진의야, 관세음보살이 이렇게 큰 위신력을 가지고 이롭게 하는 일이 많으니라. 중생은 항상 마음에 관세음을 염할지니라.

약유여인이 **설욕구남**하여 **예배 공양 관세음보살**하면
若 有 如 人　　說 欲 求 男　　禮 拜 供 養 觀 世 音 菩 薩

편생복덕 지혜지남하며 **설욕구녀**하면 **편생단정**
便 生 福 德 智 慧 之 男　　說 欲 求 女　　便 生 端 正

유상지녀하니 **숙식덕본**이라 **중인**이 **애경**하리니 **무진의**야
有 相 支 女　　宿 植 德 本　　衆 人 愛 敬　　無 盡 意

관세음보살이 **유여시력**하니라. **약유중생**이
觀 世 音 菩 薩　　有 如 是 力　　若 有 衆 生

공경 예배 관세음보살하면 **복불당손**하리니 **시고**로
恭 敬 禮 拜 觀 世 音 菩 薩　　福 不 塘 損　　是 故

중생이 **개응수지 관세음보살명호**하니라. **무진의**야
衆 生 皆 應 受 持 觀 世 音 菩 薩 名 號　　無 盡 意

약유인이 **수지 육십이억항하사 보살명자**하고
若 有 人 受 持 六 十 二 億 恒 河 沙 菩 薩 名 子

부진형토록 **공양음식의복와구의약**하면 **어여의운하**리오.
復 盡 形 供 養 飮 食 依 腹 臥 具 醫 藥　　於 汝 意 云 何

시 선남자 선여인의 **공덕**이 **다부**아.
是 善 男 子 善 女 人 功 德 多 不

무진의가 **언**하되 **심다**니다 **세존**하
無 盡 意 言 甚 多 世 尊

제2절 모든 소원을 이루어 주시다

또 만일 여자가 아들을 낳기 위하여 관세음보살께 예배하고 공양하면 복덕과
지혜를 갖춘 아들을 낳을 것이며, 딸 낳기를 원한다면 단정하고 용모를 갖춘
딸을 낳을 것인데, 전생에 덕을 심었으므로 이 딸은 뭇사람이 사랑하고 공경할
것이니, 무진의야, 관세음보살은 이와 같은 힘이 있느니라. 또 어떤 중생이
관세음보살에게 공경하고 예배하면 그 복덕은 헛되지 않을 것이니, 그러므로
중생은 모두 다 관세음보살의 이름을 받아 지녀야 하느니라. 무진의야, 어떤
사람이 62억 항하의 모래만큼 많은 보살의 이름을 받아 지니고 또 목숨이 다하도록
음식과 의복과 침구와 의약으로 공양한다면, 그대는 어떻게 생각하는가? 이
선남자와 선여인의 공덕이 많지 않은가?』 무진의가 아뢰었다. 『매우 많겠나이다!
세존이시여!』

불언하사대 약부유인이 수지 관세음보살명호하되
佛言　　　　若復有人　受知　觀世音菩薩名號

내지 일시라도 예배공양하면 시이인의 복이 정등무이하여
乃至 一時　　禮拜供養　　是二人　福　正等無異

어백천만억겁에 불가궁진하니라.
於百千萬億劫　不可窮盡

무진의야 수지 관세음보살명호하면 득여시 무량무변
無盡意　受持 觀世音菩薩名號　　得如是 無量無邊

복덕지리하리라.
福德之利

무진의보살이 백불언하되 세존하 관세음보살이
無盡意菩薩　百不言　　世尊　觀世音菩薩

운하 유차사바세계하며 운하 이위중생설법하며
云何 遊此娑婆世界　　云何 而爲衆生說法

방편지력은 기사 운하이니까
方便之力　棋事 云何

불고 무진의보살하시되 선남자야 약유국토중생이
佛告 無盡意菩薩　　善男子　若有國土衆生

응이불신 득도자는 관세음보살이 즉 현불신하여
應以佛身 得度者　觀世音菩薩　卽　現佛身

부처님께서 말씀하셨다. 『만일 또 어떤 사람이 관세음보살의 이름을 받아 지니어서 단 한 번이라두 예배 공양하였다면 이 두 사람이 복은 똑같고 다름이 없어서 백천만억겁에 이르도록 복이 다함이 없을 것이니라. 무진의야, 관세음보살의 이름을 받아 지니면 이와 같이 한량없고 그지없는 복덕의 이익을 얻느니라..』

제3절 인연 따라 여러 가지 몸으로 보이시다

무진의 보살이 부처님께 아뢰었다. 『세존이시여, 관세음보살은 어떻게 이 사바세계를 거닐며, 중생을 위하여 어떻게 설법하시며 그 방편의 힘은 어떠하나이까?』 부처님께서 무진의 보살께 말씀하셨다. 『선남자여, 만약에 어떤 세계에 중생이 있어, 부처님 몸으로 제도될 자는 관세음보살이 곧 부처님 몸을 나타내어 법을

이위설법하며 **응이벽지불신**으로 **득도자**는
而 爲 說 法　　應 以 辟 支 佛 身　　得 度 者

즉현벽지불신하여 **이위설법**하며 **응이성문신**으로
卽 現 辟 支 佛 身　　而 爲 說 法　　應 以 聲 聞 身

득도자는 **즉현성문신**하여 **이위설법**하며 **응이범왕신**으로
得 度 者　　卽 現 聲 聞 身　　而 爲 說 法　　應 而 梵 王 身

득도자는 **즉현범왕신**하여 **이위설법**하며, **응이제석신**으로
得 度 者　　卽 現 梵 王 身　　而 爲 說 法　　應 以 帝 釋 身

득도자는 **즉현제석신**하여 **이위설법**하며,
得 度 者　　卽 現 帝 釋 身　　而 爲 說 法

응이자재천신으로 **득도자**는 **즉현자재천신**하여
應 以 自 在 天 身　　得 度 者　　卽 現 自 在 天 身

이위설법하며, **응이대자재천신**으로 **득도자**는
以 爲 說 法　　應 以 大 自 在 天 身　　得 度 者

즉현대자재천신하여 **이위설법**하며,
卽 現 大 自 在 天 身　　而 爲 說 法

응이천대장군신으로 **득도자**는 **즉현천대장군신**하여
應 以 天 大 將 軍 身　　得 度 者　　卽 現 天 大 將 軍 身

이위설법하며, **응이비사문신**으로 **득도자**는
而 爲 設 法　　應 以 毘 沙 門 身　　得 度 者

말하고, 벽지불의 몸으로 제도될 자는 벽지불의 몸을 나타내어 법을 말하며, 성문의 몸으로 제도될 자는 관세음보살이 곧 성문의 몸을 나타내어 법을 말하고, 범천왕의 몸으로 제도될 자는 곧 범천왕의 몸을 나타내어 법을 말하며, 제석천왕의 몸으로 제도될 자는 곧 제석천왕의 몸을 나타내어 법을 말하고, 자재천왕의 몸으로 제도될 자는 곧 자재천왕의 몸을 나타내어 법을 말하며, 대자재천왕의 몸으로 제도될 자는 곧 대자재천왕의 몸을 나타내어 법을 말하고, 하늘 대장군의 몸으로 제도될 자는 곧 하늘 대장군의 몸을 나타내어 법을 말하며, 비사문의 몸으로 제도될 자는 곧 비사문의 몸을 나타내어 법을 말하느니라.

즉현비사문신하여 이위설법하며 응이소왕신으로
卽現毘沙門身 而爲說法 應以小王身

득도자는 즉현소왕신하여 이위설법하며 응이장자신으로
得度者 卽現小王身 而爲說法 應以長者身

득도자는 즉현장자신하여 이위설법하며 응이거사신으로
得度者 卽現長者身 而爲說法 應以居士身

득도자는 즉현거사신하여 이위설법하며 응이재관신으로
得度者 卽現居士身 而爲說法 應以宰官身

득도자는 즉현재관신하여 이위설법하며 응이파라문신으로
得度者 卽現宰官身 而爲說法 應以婆羅門身

득도자는 즉현파라문신하여 이위설법하며 응이비구
得度者 卽現婆羅門身 而爲說法 應以比丘

비구니우바새우바이신으로 득도자는 즉현비구비구니
比丘尼優婆塞優婆夷身 得度者 卽現比丘比丘尼

우바새우바이신하여 이위설법하며 응이장자 거사
優婆塞優婆夷身 而爲說法 應以長者 居士

재관 바라문부녀신으로 득도자는 즉현부녀신하여
宰官 婆羅門婦女身 得度者 卽現婦女身

이위설법하며 응이동남동녀신으로 득도자는 즉현동남
而爲說法 應以童男童女身 得度者 卽現童男

작은 나라 임금의 몸으로 제도될 자는 곧 작은 나라 임금의 몸을 나타내어 법을 말하고, 장자의 몸으로 제도될 자는 곧 장자의 몸을 나타내어 법을 말하며, 거사의 몸으로 제도될 자는 거사의 몸을 나타내어 법을 말하고, 재상의 몸으로 제도될 자는 곧 재상의 몸을 나타내어 법을 말하며, 바라문의 몸으로 제도될 자는 곧 바라문의 몸을 나타내어 법을 말하고, 비구·비구니·우바새, 우바니의 몸으로 제도될 자는 곧 비구·비구니·우바새·우바니의 몸을 나타내어 법을 말하며, 장자·거사·재상·바라문가의 부녀의 몸으로 제도될 자는 곧 그 부녀의 몸을 나타내어 법을 말하며, 남자 아이 여자 아이의 몸으로 제도될 자는 곧 남자 아이와 여자 아이로 몸을 나타내어 법을 말하며, 하늘사람·용·야차·건달

동녀_{하여} 이위설법_{하며} 응이천룡 야차건달바아수라
童女　　而爲說法　　應以天龍　夜叉乾婆婆阿修羅

가루라 긴나라 마후라_와 가 인비인등신_{으로}
迦樓羅　緊那羅　摩睺羅　　伽　人非人等身

득도자_는 즉개현지_{하여} 이위설법_{하며} 응이집금강신_{으로}
得度者　即皆現之　　而爲說法　　應以執金剛身

득도자_는 즉현집금강신_{하여} 이위설법_{하나니}
得度者　即現執金鋼身　　而爲說法

무진의_야 시 관세음보살_이 성취여시 공덕_{하여}
無盡意　是 觀世音菩薩　成就如是　功德

이종종형_{으로} 유제국토_{하며} 도탈중생_{하나니라.}
以鍾鍾形　遊諸國土　　度脫衆生

시고_로 여등_은 응당 일심_{으로} 공양관세음보살_{하라.}
是故　汝等　應當　一心　供養觀世音菩薩

시 관세음보살마하살_이 어포외급난지중_에 능시무외_라
是 觀世音菩薩摩訶薩　於怖畏急難之中　能施無畏

시고_로 차사바세계_에 개호지_{하여} 위시무외자_{하나니라.}
是故　此娑婆世界　皆號之　爲施無畏者

무진의보살_이 백불언_{하시되}
無盡意菩薩　白佛言

바·아수라·사람·사람이 아닌 것 등의 몸으로 제도될 이는 곧 각기 그들의
몸을 나타내어 법을 말하고, 집금강신의 몸으로 제도될 이는 곧 집금강신의
몸을 나타내어 법을 말하느니라.

무진의야, 관세음보살은 이와 같은 공덕을 성취하여 여러 가지 모양으로 온
세계에 거닐면서 중생을 제도하며 해탈시키느니라. 그대들은 마땅히 한마음으로
관세음보살에게 공양할지니라. 이 관세음보살마하살은 두렵고 위급한 환란 가운
데에서도 두려움 없음을 베푸느니라. 그러므로 저 사바세계에서 모든 사람은
관세음보살을 부르기를 '두려움 없음을 베푸는 보살'이라고 하느니라.』
무진의 보살이 부처님께 아뢰었다.

세존_하 아금_에 당 공양관세음보살_{하리라 하고} 즉
世尊 我今 當 供養觀世音菩薩 卽

해경중보주영락_{하니} 가치백천양금_{이라} 이이여지_{하고}
解頸衆寶珠瓔洛 價値百千兩金 而以與之

작시언_{하되} 인자_여 수차법시 진보영락_{하소서.} 시_에
作是言 仁者 受此法施 珍寶瓔珞 時

관세음보살_이 불긍수지_{하거늘} 무진의_가 부백
觀世音菩薩 不肯受之 無盡意 復白

관세음보살언_{하되} 인자_여 민아등고_로 수차영락_{하소서}
觀世音菩薩言 仁者 愍我等故 受此瓔珞

이시_에 불고 관세음보살_{하시되} 당민차 무진의보살_과
爾時 佛告 觀世音菩薩 當愍此 無盡意菩薩

급사중 천룡야차 건달바 아수라 가루라 긴나라
及四衆 天龍夜叉 乾闥婆 阿修羅 迦樓羅 緊那羅

마후라가_와 인비인등고_로 수시 영락_{하라.} 즉시_에
摩睺羅伽 人非人等故 受是 瓔珞 卽是

관세음보살_이 민제사중_과 급어천룡 인비인등_{하여}
觀世音菩薩 愍諸四衆 及於天龍 人非人等

수기영락_{하여} 분작이분_{하고} 일분_은 봉 석가모니불_{하고}
受基瓔珞 分作二分 一分 奉 釋迦牟尼佛

『세존이시여, 제가 이제 관세음보살님께 공양하겠나이다.』 하고 온갖 보배구슬과 영락으로 된 백천량의 금값에 해당하는 목걸이를 끌러 바치고 이렇게 아뢰었다. 『어지신 어른이시여! 법 보시로써 이 진주 보배와 영락을 받으소서!』 이때에 관세음보살은 이것을 받으려 하지 않으므로 무진의는 다시 관세음보살께 아뢰었다. 『어지신 어른이시여! 저희들을 불쌍히 여기시어 이 영락을 받아주소서!』 그 때에 부처님께서는 관세음보살에게 말씀하였다.

『이 무진의 보살과 4부대중과 하늘, 용, 야차, 건달바, 아수라, 가루라, 긴나라, 마후라가와 사람, 사람 아닌 중생들을 불쌍히 여겨 이 영락을 받으라.』 그때에 관세음보살은 4부대중과 하늘, 용, 사람, 사람 아닌 것들을 불쌍히 여기고 그 영락을 받아 두 몫으로 나누어 한 몫은 석가모니 부처님께 바치고 한 몫은 다보불탑에 바치시었다.

일분은 봉 다보불탑하였다. 무진의야
一分　奉　多寶佛塔　　無盡意

관세음보살이 유여시자재신력하여 유어사바세계하니라
觀世音菩薩　有如是自在神力　有於娑婆世界

이시에 무진의보살이 이게문왈하길
爾時　無盡意菩薩　二偈問日

세존 묘상구시여 아금중문피하오니 불자는 하인연으로
世尊　妙相具　　我今重問被　　佛子　何因緣

명위관세음이니까 구족묘상존하 게답 무진의하시되,
名爲觀世音　　其足妙相尊　揭答　無盡意

여청관음행의 선응제방소하라 홍서심여해하여
汝聽觀音行　善應諸方所　　弘誓深如海

역겁부사의이라 시다천억불하여 발대청정원이니
歷劫不思議　　侍多千億佛　　發大淸淨願

아위여약설하노라. 문명급견신하여 심념불공과하면
我爲如略設　　問名及見身　　心念不空過

능멸제유고하리라 가사흥해의하여 추락대화갱이라도
能滅諸有苦　　假使興害意　　椎落大火坑

염피관음력으로 화갱변성지하며, 혹표류거해하여
念被觀音力　　火坑變成池　　惑漂流巨海

부처님께서 말씀하셨다. 『무진의야, 관세음보살이 이와 같이 자재한 신통력으로 사바세계에 거니느니라.』

제4절 게송으로 찬탄하시다

그때 무진의 보살이 게송으로 여쭈었다. 『묘한 상호 갖추신 세존이시여, 저는 지금 거듭 그 일을 묻자옵니다. 불자는 무슨 인연으로 이름을 관세음이라 하시나이까?』 묘한 상호를 갖추신 세존께서 게송으로 무진의에게 대답하시길, 『너는 시방의 어느 곳에나 응당 출현하는 관세음의 드높은 행을 들어라. 그 보살의 큰 서원은 깊기가 바다와 같아 헤아릴 수 없는 겁을 지나오면서 많은 천억 부처님을 모시고 청정한 대원을 세웠으니 내가 너를 위하여 간략히 설하리라. 명호를 듣거나 친견하거나 마음에 늘 생각함이 헛되지 아니하면 능히 모든 고뇌가 소멸하리라. 설사 해칠 뜻을 일으켜 큰 불구덩이 에 밀어 넣어도 관음을

용어제귀난_{이라도} 염피관음력_{으로} 파랑불능몰_{하며,}
龍魚諸鬼難　　念被觀音力　　波浪不能沒

혹재수미봉_{하여} 위인소추타_{라도} 염피관음력_{으로}
惑在須彌峰　　爲人所推墮　　念彼觀音力

여일허공주_{하며,} 혹피악인축_{으로} 타락 금강산_{이라도}
如日虛空住　　惑彼惡人逐　　墮落 金剛山

염피관음력_{으로} 불능손일모_{하며,} 혹치원적요_{하여}
念彼觀音力　　不能損一毛　　惑値怨賊繞

각집도가해_{라도} 염피관음력_{으로} 함즉기자심_{하며,}
各執刀加害　　念彼觀音力　　咸卽起慈心

혹조왕난고_{하여} 임형욕수종_{이라도} 염피관음력_{으로}
惑遭王難苦　　臨刑慾壽終　　念彼觀音力

도심단단괴_{하며,} 혹인금가쇄_로 수족피추계_{라도}
刀尋段段壞　　惑因禁枷鎖　　手足彼杻械

염피관음력_{으로} 석연득해탈_{하며,} 주저제독약_{으로}
念彼觀音力　　釋然得解脫　　呪詛諸毒藥

소욕해신자_{라도} 염피관음력_{으로} 환착어본인_{하며,}
所欲害身者　　念彼觀音力　　還着於本人

혹우악라찰_과 독용제귀등_{이라도} 염피관음력_{으로}
惑遇惡羅刹　　毒龍諸鬼等　　念彼觀音力

생각하는 그 힘으로 불구덩이가 변하여 연못이 되고, 큰 바다에 빠져 용이나 큰 물고기에 잡혀도 관음을 생각하는 그 힘 때문에 파도에 빠지지 않으며, 높은 산 절벽에서 원수에게 떠밀리어도 관음을 생각하는 그 힘 때문에 해가 허공에 있음 같으며, 악독한 사람에게 쫓기어 금강산 험한 돌에 떨어져도 관음을 생각하는 그 힘 때문에 털끝도 안 다치리라. 원한 품은 도적들이 칼끝으로 해치려 해도 관음을 생각하는 그 힘 때문에 도둑이 자비스런 마음을 내며, 국법에 위반되어 형벌 받고 죽게 되어도 관음을 생각하는 그 힘 때문에 칼날이 산산이 부서지리라. 옥에 갇히게 되어 손발이 묶여도 관음을 생각하는 그 힘 때문에 자유로운 해방 얻으며, 저주와 독약으로 내 몸을 해하려 해도 관음을 생각하는 힘 때문에 도리어 본인에게 돌아가리라. 악한 나찰귀신 독룡과 악귀를 만날지라도 관음을 생각하는 그 힘 때문에 해치지 못하게 되며, 악한 짐승에게

시실불감해하며, **약악수위요**하여 **이아조가포**라도
時悉不敢害　　若惡獸圍橈　　利牙爪可怖

염피관음력으로 **질주무변방**하며, **원사급복갈**이
念彼觀音力　　疾走無邊方　　蚖蛇及蝮蝎

기독연화연이라도 **염피관음력**으로 **심성자회거**하며,
氣毒煙火燃　　念彼觀音力　　尋聲自廻去

운뢰고체전하고 **강박주대우**라도 **염피관음력**으로
雲雷鼓掣電　　降雹澍大雨　　念彼觀音力

응시득소산하며, **중생피곤액**하여 **무량고핍신**이라도
應時得消散　　衆生疲困厄　　無量苦逼身

관음묘지력이 **능구세간고**니라 **구족신통력**하며
觀音妙智力　　能救世間苦　　具足神通力

광수지방편하여 **십방제국토**에 **무찰불현신**이라.
廣修智方便　　十方諸國土　　無刹不現身

종종제악취와 **지옥귀축생**의 **생로병사고**를
種種諸惡趣　　地獄鬼畜生　　生老病死苦

이점실령멸하리라. **진관청정관**과 **광대지혜관**과
以漸悉令滅　　眞觀淸淨觀　　廣大智慧觀

비관급자관이니 **상원상첨앙**하라.
悲觀及慈觀　　常願常瞻仰

둘러싸여 이빨과 발톱이 날카로워도 관음을 생각하는 그 힘 때문에 재빨리
정처 없이 달아나리라. 독사와 지네들이 불꽃같은 독으로 해하려 해도 관음을
생각하는 그 힘 때문에 그 소리에 저절로 달아나며, 우뢰와 번개가 아주 심하고
우박과 큰비가 쏟아지어도 관음을 생각하는 그 힘 때문에 모두 다 흩어지나니,
끝없이 피곤한 액이 중생을 괴롭히어도 관음의 신묘한 지혜력으로 세간의 온갖
고통 구해주리라. 신통력을 갖추고 지혜의 방편력 두루 나타내어 시방세계 모든
국토 어느 곳에든 그 몸을 나타내지 않는 곳 없고, 삼악도의 지옥·아귀·축생의
갖가지 고통과 인간 생로병사의 모든 고통을 점차로 없애 모든 재앙을 소멸하리라.
진리의 관, 거룩한 관, 크고 넓고 지혜로운 관이며, 가엾어 하고 사랑하는 관이
니 항상 관음을 원하며 우러러 사모하라.

무구청정관이며 혜일파제암이라 능복재풍화하며
無垢淸淨觀　慧日破諸闇　能伏災風火

보명조세간이니라. 비체계뢰진과 자의묘대운으로
普明照世間　悲體戒雷震　慈意妙大雲

주감로법우하여 멸제번뇌염하며, 쟁송경관처와
澍甘露法雨　滅除煩惱焰　諍訟經官處

포외군진중이라도 염피관음력으로 중원실퇴산하리니,
怖畏軍陳中　念彼觀音力　衆怨悉退散

묘음 관세음과 범음해조음이 승피세간음이니
妙音　觀世音　梵音海潮音　勝彼世間音

시고로 수상념하여 염념물생의하라. 관세음정성이
是故　須常念　念念勿生疑　觀世音淨聖

어고뇌사액에 능위작의호이다. 구일체공덕하여
於苦惱死厄　能爲作依怙　具一切功德

자안시중생하며 복취해무량하니 시고로 응정례하라.
慈眼視衆生　福聚海無量　是故　應頂禮

이시에 지지보살이 즉종좌기하여 전 백불언하사대
爾時　持持菩薩　卽從座起　前　白佛言

세존하 약유중생이 문시 관세음보살품 자재지업과
世尊　若有衆生　聞是　觀世音菩薩品　自在之業

때 없이 깨끗한 빛이여, 어둠을 없애주는 지혜의 해여, 물 불 바람의 재앙을 항복받고 온 세상 골고루 비추어 주네. 대비의 몸과 계율의 우뢰의 지세의 구름으로 감로의 법비를 내려 번뇌의 불꽃을 꺼버리나니, 송사하는 법정에서나 두려운 전쟁터에서도 관음을 생각하는 그 힘 때문에 원수들이 다 흩어지리라. 묘한 저 음성, 세간을 보는 음성, 범천의 음성, 바다의 음성은 세간의 속된 음을 뛰어 넘으니 언제나 생각하고 염불하되 의심하는 생각을 하지 말라. 관세음 거룩한 성자가 온갖 고뇌와 죽을 액 가운데서도 의지가 되고 구세주 되리라. 온갖 공덕 모두 갖추어 자비의 눈으로 중생을 보며 복덩이 바다처럼 한량없으니 마땅히 예배하고 존중하여라.

그때에 지지보살이 자리에서 일어나 부처님 앞에 나아가 합장하고 아뢰었다. 『세존이시여! 어떤 중생이 '관세음보살품'이 두루 나타내는 여러 신통력과 속박이

보문시현신통력자는 **당지 시인**의 **공덕불소**이니다.
普門示現神通力者　當知　是人　功德不少

불설시보문품시에 **중중팔만사천중생**이
佛說是普門品時　衆中八萬四千衆生

개발무등등한 **아뇩다라삼먁삼보리심**하였다.
皆發無等等　阿耨多羅三邈三菩提心

나 장애가 없이 마음대로 하는 자재한 업력과 우주의 모든 사물이 저마다 일체의 법을 포섭하고 있음을 듣는다면 이 사람은 그 공덕이 적지 않겠나이다.』
부처님께서 이 '관세음보살보문품'을 말씀하실 때에 대중 가운데 8만4천의 모든 중생이 비길 바 없이 아뇩다라삼먁삼보리의 마음을 일으켰다.

묘법연화경 관세음보살보문품 끝.

무 상 게
無 常 偈

부무상계자는 **입열반지요문**이요
夫 無 常 戒 者　　入 涅 槃 之 要 門

월고해지자항이라 **시고**로 **일체제불**이
越 苦 海 之 慈 航　　是 故　　一 切 諸 佛

인차계고로 **이입열반**하시고
因 此 戒 故　　而 入 涅 槃

일체중생도 **인차계고**로
一 切 衆 生　　因 此 戒 故

이도고해라니 **모령**이여
而 度 苦 海　　某 靈

여금일 형탈근진하고 **영식독로**
汝 今 日　迴 脱 根 塵　　靈 識 獨 露

수불무상정계하니 **하행여야**아
受 佛 無 上 淨 戒　　何 幸 如 也

모령이여 **겁화통연**하여 **대천구괴**
某 靈　　劫 火 洞 燃　　大 千 俱 壞

【**무상계**(영가에게 해탈을 축원하여 왕생하기를 기도)】
무상계는 열반에 이르는 요긴한 문이며, 고해를 건너는 육도의 중생에게는 자비의
배입니다. 그러므로 모든 부처님들께서도 이 계를 믿고 지니는 인연하여 열반을
성취하셨고, 모든 중생들도 이 계를 의지하여 고해를 건넜습니다.
금일 ○○ 영가시여, 이제 그대는 여섯 가지 감관과 여섯 가지 경계에서 벗어나
신령한 의식이 뚜렷해져 거룩한 부처님의 계를 받게 되었으니 이 얼마나 다행한
일입니까?
금일 ○○ 영가시여, 세월이 흘러 오래되면 광대한 우주도 무너지고,

* 영가기도는 천수경 예불 뒤 금강경 독송 후 영가축원을 함.

수미거해도 **마멸무여**늘어
須彌巨海　磨滅無餘

하황차신의 **생로병사**와
何況此身　生老病死

우비고뇌를 **능여원위**아
憂悲苦惱　能與遠違

모령이여 **발모조치 피육근골**과
某靈　　髮毛爪齒　皮肉筋骨

수뇌구색은 **개귀어지**하고
髓腦垢色　皆歸於地

타체농혈과 **진액연말**과
唾涕膿血　津液涎沫

담루정기와 **대소변리**는
痰淚情氣　大小便利

개귀어수하고 **난기귀화**하며
皆歸於水　　煖氣歸火

동전귀풍하여 **사대각리**이니
動轉歸風　　四大各離

수미산과 큰 바다도 없어져 남을 것이 없는데 항차 이 작은 몸이 가진 생로병
와 근심, 걱정, 고뇌를 무슨 수로 피하리오!

금일 ○○ 영가시여, 그대의 머리카락, 손톱, 이, 그리고 가죽, 살, 힘줄, 뼈때
같은 육신은 다 흙으로 돌아가고, 침과 콧물, 고름, 피, 진액, 가래, 눈물, 원기와
오줌 같은 것들은 다 물로 돌아가고, 몸의 더운 기운은 불로 돌아가고, 활동하던
기운은 바람으로 변하여, 이러한 네 가지 요소가 곧바로 모두 각각 흙, 물,
불, 바람으로 흩어져 제자리인 먼지와 허공으로 돌아가는 법이니

금일망신이 **당재하처**오
今日亡身　當在何處

모령이여 **사대허가**이라 **비가애석**이요
某靈　　四大虛假　　非可愛惜

여종무시이래로 **지우금일**이
汝從無始已來　至于今日

무명연행하고 **행연식**하고
無明緣行　　行緣識

식연명색하고 **명색연육입**하며
識緣名色　　名色緣六入

육입연촉하고 **촉연수**하고
六入緣觸　　觸緣受

수연애하고 **애연취**하고
受緣愛　　愛緣取

취연유하고 **유연생**하여
取緣有　　有緣生

생연노사하여 **우비고뇌**이라.
生緣老死　　憂悲苦惱

오늘 영가의 돌아가신 몸이 어디 있다고 하리오. 금일 ○○ 영가시여, 이 몸뚱이는 네 가지 요소로서 거짓되고 헛된 것이니 그 무도 애석해 할 것이 없습니다. 영가는 오랜 옛적부터 오늘에 이르기까지 어리석은 무명으로 말미암아 선악의 행업을 지었고, 이 행업은 세상에 태어나려는 일념을, 이 일념의 의식작용이 어미 태중의 정신과 물질인 명색을 찾고, 명색은 여섯 가지 감각을, 이 여섯 가지 감각은 감촉을, 감촉은 지각을, 지각은 애욕을 낳고, 애욕은 탐을 취하는 마음을 낳고, 탐을 취하는 마음은 내세의 과가 될 업을 낳았고, 이 업은 다시 미래에 태어나는 인연이 되었습니다. 태어나면 늙고 병들고 죽게 되어 근심하고 슬퍼하고 고민과 번뇌를 하게 되는 것입니다.

무명멸즉 행멸이요
無 明 滅 卽 行 滅

행멸즉 식멸이요
行 滅 卽 識 滅

식멸즉 명색멸이요
識 滅 卽 名 色 滅

명색멸즉 육입멸이요
名 色 滅 卽 六 入 滅

육입멸즉 촉멸이고
六 入 滅 卽 觸 滅

촉멸즉 수멸이요
觸 滅 卽 受 滅

수멸즉 애멸이요
受 滅 卽 愛 滅

애멸즉 취멸이요
愛 滅 卽 取 滅

취멸즉 유멸이요
取 滅 卽 有 滅

그러므로 무명이 없어지면 선악의 행업이 없어지고,

선악의 행업이 없어지면 고정관념의 의식작용이 없어지고,

고정관념의 의식작용이 없어지면 명색이 없어지고,

명색이 없어지면 여섯 가지 감관이 없어지고,

여섯 가지 감관이 없어지면 감촉이 없어지고,

감촉이 없어지면 지각이 없어지고,

지각이 없어지면 애욕이 없어지고,

애욕이 없어지면 탐을 취하는 마음이 없어지고,

탐을 취하는 마음이 없어지면 업이 없어지고

유멸즉 생멸이요
有 滅 卽 生 滅

생멸즉 노사우비고뇌멸이니라.
生 滅 卽 老 死 憂 悲 苦 惱 滅

제법종본래 상자적멸상이니
諸 法 從 本 來 常 自 寂 滅 相

불자행도이하여 **내세득작불**이니라
佛 者 行 道 已 來 世 得 作 佛

제행무상이라 **시생멸법**이니
諸 行 無 常 是 生 滅 法

생멸멸이하면 **적멸위락**이니라
生 滅 滅 已 寂 滅 爲 樂

귀의불타계하며 **귀의달마계**하며
歸 依 佛 陀 戒 歸 依 達 摩 戒

귀의승가계이니라
歸 依 僧 伽 戒

나무과거 보승여래 응공 정변지
南 無 過 去 寶 勝 如 來 應 供 正 邊 知

업이 없어지면 생이 없어지고, 생이 없어지면 늙고 죽고 근심하고 슬퍼하는 고뇌도 다 없어지는 것입니다. 이 세상 모든 것은 본래부터 스스로 고요하고 청정하므로 우리가 이와 같이 불도를 닦고 닦으면 내세에는 부처를 이룰 것입니다. 모든 현상은 한시도 고정됨이 없이 변하여 돌아가는 것이 곧 생하고 멸하는 생멸의 법이니, 이 생멸에 집착함을 놓으면 곧 고요한 열반의 경지에 이르는 것입니다.

부처님계에 귀의합니다. 가르침계에 귀의합니다.

승가계에 귀의합니다.

과거의 보승여래이시며, 마땅히 공양 받으실 님이시며,

우주법계의 모든 것을 다 아시는 님이시며,

명행족 선서 세간해 무상사 조어장부
明行足　善逝　世間解　無上士　調御丈夫

천인사 불 세존이니라 **모령**이여 **탈각오음각루자**하여
天人師　佛　世尊　　某靈　　脫却五陰殼漏子

영식독로하여 **수불무상정계**하니
靈識獨露　　受佛無上淨戒

기불쾌재며 **기불쾌재**아
豈不快哉　　豈不快哉

천당불찰을 **수념왕생**이니 **쾌활쾌활**이로다.
天堂佛刹　　隨念往生　　快活快活

서래조의최당당이며 **자정기심성본향**이라
西來祖意最堂堂　　自淨其心性本鄕

묘체담연무처소건만 **산하대지현진광**이로다.
妙體湛然無處所　　山河大地現眞光

이 세상 모든 것을 다 아시는 님이시며, 모든 중생을 잘 다스리시는 님이시며, 하늘세계와 인간세상의 스승이신 님이시며, 깨우쳐 부처가 되신 님이시며, 세상에서 가장 높게 존경 받으실 님에게 귀의합니다. 금일 ○○ 영가시여, 이제 당신께서는 물질과 정신 요소인 색온色蘊과 수受, 상想, 행行, 식識 오온을 벗어버리고 신령한 의식이 뚜렷이 드러나 부처님의 거룩한 계를 받았으니 이 얼마나 기쁘고 통쾌한 일이옵니까? 금일 ○○ 영가시여, 이제 마음대로 하늘 세계나 부처님 계신 곳에 태어나게 되었으니, 참으로 기쁘고 기쁜 일입니다. 달마조사 전하신 법 당당하여 으뜸이니, 본래 청정한 마음자리 본성품의 고향이네. 마음이란 맑고 묘해 있는 곳이 따로 없어 삼라만상 그대로가 한마음의 나툼이로다.

해 탈 주
解 脫 呪

나무 동방해탈주세계 허공공덕 청정미진
南無　東方解脫主世界　虛空功德　淸淨微塵

등목단정 공덕상 광명화 파두마 유리광 보체상
等目端正　功德相　光明華　波頭摩　琉璃光　寶體相

최상향 공양흘 종종장엄정계
最上香　供養訖　種種莊嚴頂髻

무량무변 일월광명 원력장엄 변화장엄
無量無邊　日月光明　願力莊嚴　變化莊嚴

법계출생 무장애왕
法界出生　無障碍王

『**여래 아라하 삼먁삼불타**』(세번)

광명진언
光 明 眞 言

『**옴 아모가 바이로차나 마하 무드라 마니
파드마 즈바라 프라바를타야 훔**』(일곱번)

해탈주: 십악오역 외 무거운 죄를 지은 사람이 두서너 번 듣기만 하여도 모든 죄업이 멸하고 죽어서 지옥에 떨어졌더라도 깨끗한 모래에 이 진언을 백팔 번 외워서 그 모래를 그 사람의 시체나 무덤 위에 흩어주면 모든 죄가 멸하며 극락세계에 왕생하느니라. 또 이 진언을 한지에 정하게 써서 시체 가슴에 덮고 염하면 영혼이 곧 정토에 나느니라.

광명진언: 광명진언은 만일 중생이 이 진언을 두 번이나 세 번, 또는 일곱 번을 귀로 듣기만 하여도 모든 죄업이 없어지게 된다. 또 중생이 십악十惡과 사역죄四逆罪와 사중죄四重罪를 지어 죽은 다음 악도에 떨어질지라도 이 진언을 외우면 능히 해탈을 얻을 수 있다. 특히 그릇에 흙이나 모래를 담아 놓고 이 진언을 108번 외워 그 모래를 시신 위에 흩거나 묘지 또는 묘탑墓塔 위에 흩어 주면 비로자나부처님의 광명이 망인에게 이르러 모든 죄업을 소멸시켜 줄 뿐 아니라 서방 극락세계의 연화대로 인도하게 된다. 원효대사는 항상 가지고 다니던 바가지에 강변의 깨끗한 모래를 담아 광명진언을 108번 외운 다음 모래를 묘지나 시신 위에 뿌려 영가를 천도했다고 한다. (원효/유심안락도)

삼존불(지장보살 석가모니불 관세음보살)

인간계에 있어도 도 닦을 수 있나니, 모든 선근 끊인 자도 발심하면 다 되네.
악도에 떨어져서 죄업이 익어지면, 깨달을 맘 못내니 구원하기 어려워라.
노쇠한 사람들이 길을 가고자 할 때, 팔다리를 부축하면 나아갈 수 있어도
누워서 부동하면 어찌할 수 없나니, 중생들이 지은 바 정업도 그 같느니라.

지장보살 탱화

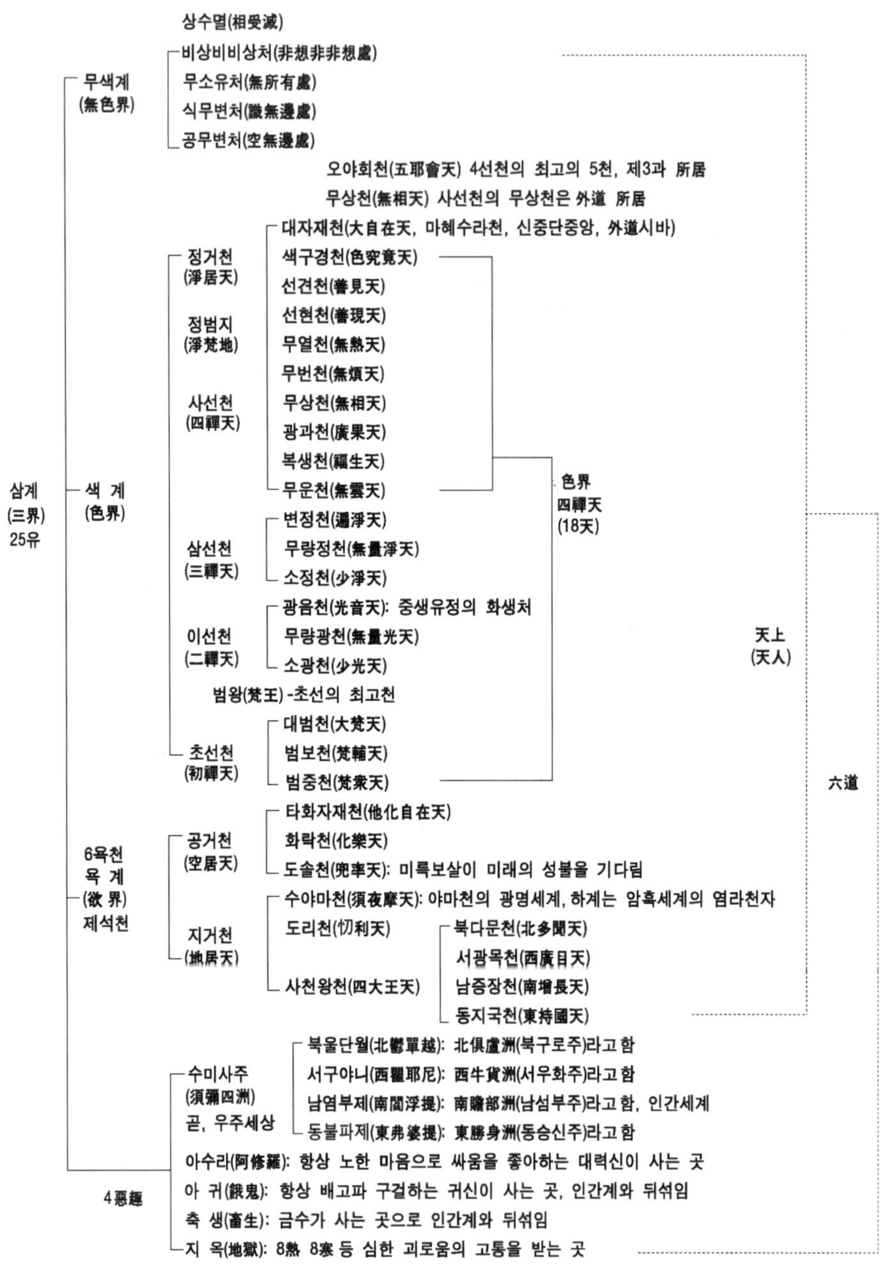
상수멸(相受滅)
비상비비상처(非想非非想處)
무소유처(無所有處)
식무변처(識無邊處)
공무변처(空無邊處)
무색계(無色界)
오야회천(五耶會天) 4선천의 최고의 5천, 제3과 所居
무상천(無相天) 사선천의 무상천은 外道 所居
대자재천(大自在天, 마혜수라천, 신중단중앙, 外道시바)
색구경천(色究竟天)
선견천(善見天)
선현천(善現天)
무열천(無熱天)
무번천(無煩天)
무상천(無相天)
광과천(廣果天)
복생천(福生天)
무운천(無雲天)
정거천(淨居天)
정범지(淨梵地)
사선천(四禪天)
변정천(遍淨天)
무량정천(無量淨天)
소정천(少淨天)
삼선천(三禪天)
광음천(光音天): 중생유정의 화생처
무량광천(無量光天)
소광천(少光天)
이선천(二禪天)
범왕(梵王) -초선의 최고천
대범천(大梵天)
범보천(梵輔天)
범중천(梵衆天)
초선천(初禪天)
색계(色界)
色界 四禪天(18天)
타화자재천(他化自在天)
화락천(化樂天)
도솔천(兜率天): 미륵보살이 미래의 성불을 기다림
공거천(空居天)
수야마천(須夜摩天): 야마천의 광명세계, 하계는 암흑세계의 염라천자
도리천(忉利天)
북다문천(北多聞天)
서광목천(西廣目天)
남증장천(南增長天)
동지국천(東持國天)
사천왕천(四大王天)
지거천(地居天)
6욕천 욕계(欲界) 제석천
天上(天人)
북울단월(北鬱單越): 北俱盧洲(북구로주)라고 함
서구야니(西瞿耶尼): 西牛貨洲(서우화주)라고 함
남염부제(南閻浮提): 南贍部洲(남섬부주)라고 함, 인간세계
동불파제(東弗婆提): 東勝身洲(동승신주)라고 함
수미사주(須彌四洲) 곧, 우주세상
아수라(阿修羅): 항상 노한 마음으로 싸움을 좋아하는 대력신이 사는 곳
아 귀(餓鬼): 항상 배고파 구걸하는 귀신이 사는 곳, 인간계와 뒤섞임
축 생(畜生): 금수가 사는 곳으로 인간계와 뒤섞임
지 옥(地獄): 8熱 8寒 등 심한 괴로움의 고통을 받는 곳
4惡趣
삼계(三界) 25유
六道

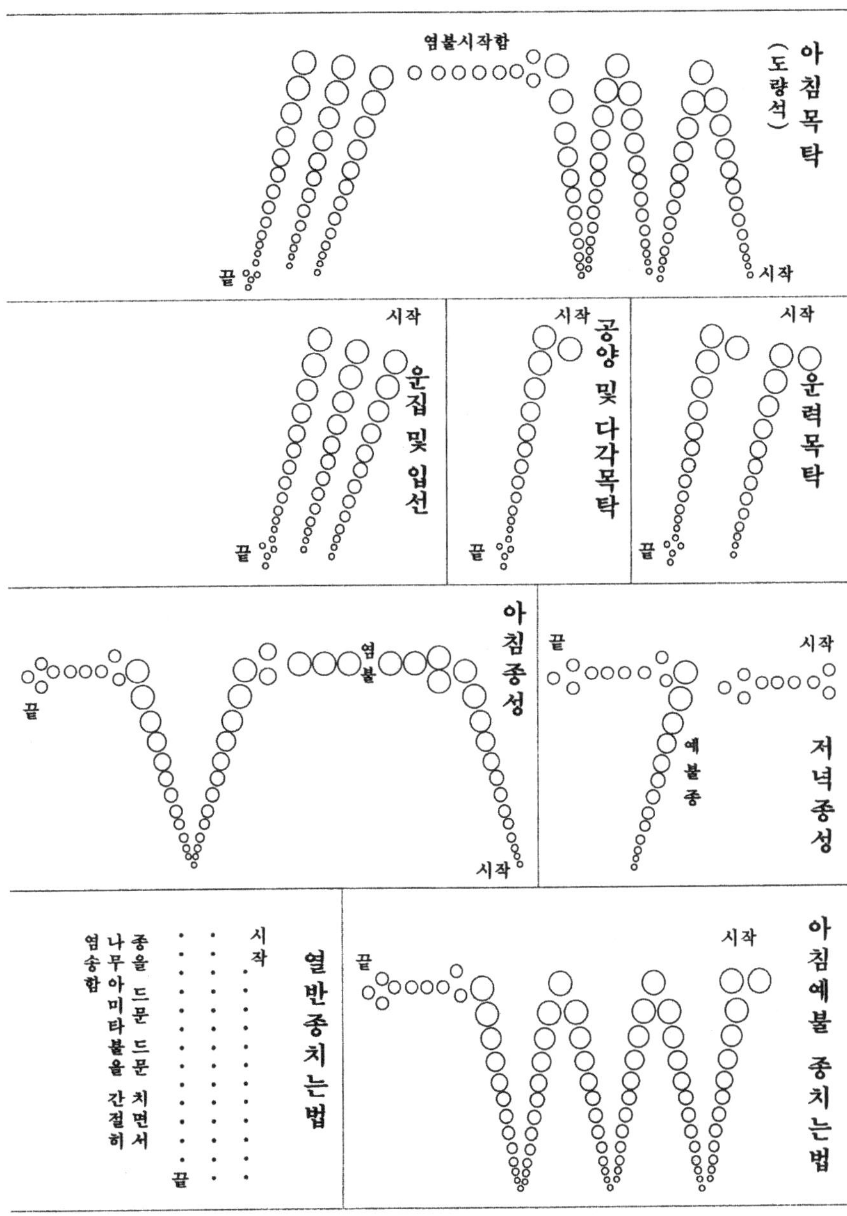
아침목탁
(도량석)
염불시작함
끝
시작
운집 및 입선
시작
끝
공양 및 다각목탁
시작
끝
운력목탁
시작
끝
아침종성
염불
끝
시작
저녁종성
시작
예불종
끝
아침예불 종치는 법
시작
끝
열반종 치는 법
시작
끝
종을 드문드문 치면서
나무아미타불을 간절히
염송함

김근중(법명 浩暎)

1959년 경남 밀양 출생. 대구대학교 대학원 사회복지학 전공

미국 텍사스 주립대학교 교환교수. 동아대학교 교수 역임

양산대학 사회복지학과 교수

연락처: kckim@yangsan.ac.kr

부처님 가르침과 예불

초판 1쇄 인쇄 2010년 3월 30일 ｜ 초판 1쇄 발행 2010년 4월 6일

편역 김근중 ｜ 펴낸이 김시열

펴낸곳 운주사 (136-036) 서울 성북구 동소문동 6가 25-1 청송빌딩 3층

전화 (02) 926-8361 ｜ 팩스 (02) 926-8362

ISBN 978-89-5746-247-8 03220 값 9,000원

http://www.buddhabook.co.kr